CONFÉRENCES D'ÉCONOMIE POLITIQUE ET SOCIALE

faites à l'Hôtel des Ingénieurs

par M. René GONNARD, professeur à la Faculté de droit de Lyon.

———— ⁕ ————

L'ENTREPRISE ÉCONOMIQUE MODERNE

PREMIÈRE PARTIE — CARACTÈRES ÉCONOMIQUES

Première conférence : *samedi 11 novembre 1911.*

I. — L'entreprise et la division du travail.

(RÉSUMÉ)

Parmi les nombreuses et vastes questions qui débordent des volumes, compacts pourtant, dans lesquels on traite de l'économie politique, il n'en est pas de plus importante, de plus centrale que celle de *l'entreprise industrielle moderne*, puisque c'est autour de cette question que se développent aujourd'hui les plus retentissantes luttes de doctrine, et aussi les plus âpres luttes matérielles, qui tendent, les premières, à intéresser diversement l'évolution de notre civilisation économique, les secondes, à agir sur cette évolution et à en infléchir le cours dans le sens des intérêts de telle ou telle classe.

L'entreprise est l'un des groupements — non le seul, ni pendant longtemps le principal — dans lesquels l'homme s'associe à ses semblables pour l'œuvre de la production. L'entrepreneur est l'*homme* de l'initiative et du risque, celui qui anticipe sur la révélation des besoins sociaux, les prévoit et y pourvoit à ses risques et périls.

L'entreprise est chose essentiellement individualiste, en ce sens qu'elle implique nécessairement des institutions et un milieu individualistes ; elle s'oppose aux formes communautaires de la production, petites (familles patriarcales, communautés rurales) ou grandes (Etat collectiviste), dans lesquelles personne ne peut être dit entrepreneur, même le groupe pris dans son ensemble, car si, dans l'organisation de l'œuvre productive, celui-ci court (forcément) le *risque technique*, il ne court pas le *risque économique*, celui de l'écoulement des produits.

Mais l'entreprise n'apparaît pas dans toute société individualiste. Pendant fort longtemps, et même dans des sociétés de ce genre, la production a été presque intégralement l'œuvre de groupements familiaux autonomes, vivant de leurs produits, à la fois consommateurs et producteurs, sans rapports d'échange avec les autres groupes, et ne connaissant guère le marché.

Pour que l'entreprise naisse, il faut une certaine *division du travail*.

La division du travail est à la base de la société économique, peut-être de la société en général, certains même ont dit : de la morale. Il faut la distinguer de la simple *division de l'effort*. Elle est quelque chose de plus : elle comporte le partage de la tâche, non seulement au point de vue quantitatif, mais au point de vue *qualitatif*.

Ses origines sont lointaines. La première division du travail s'est opérée au sein de la famille antique. Elle a pu même atteindre un assez haut degré de développement lorsque la famille elle-même, à la phase patriarcale, prolongée jusqu'à nos jours dans de nombreuses régions, a compris une nombre considérable de membres.

La première entreprise se manifeste quand la production devient chose extra familiale, lorsque certains individus produisent pour le marché, la vente, le client. Ceci s'est réalisé très lentement. Aux âges historiques les plus éloignés, on compte à peine quelques métiers spécialisés chez les peuples les plus avancés en civilisation. Dans la Grèce homérique, il n'y avait qu'un mot pour désigner l'ouvrier en métaux, un seul pour l'ouvrier en peaux, un seul pour l'ouvrier en bois. Mais à l'époque classique (Xénophon), il y avait déjà des spécialistes pour les chaussures de femme. Même évolution à Rome.

Au moyen âge, longue régression. La production redevient en grande partie *intra familiale*. L'horizon se restreint au manoir, au fief ; le fief constitue une petite économie à peu près fermée ; serfs et mainmortables produisent pour et sous la direction du seigneur. Puis la différenciation des milieux recommence à se manifester. Les premiers artisans, demi-libres, apparaissent autour des monastères ; ils se multiplient, s'affranchissent, s'organisent, créent des communes, des corporations, ressuscitent l'économie d'échange et de marché, qui se substitue à l'économie de famille et de manoir.

Cet artisan du moyen âge n'est pas pleinement entrepreneur. Il est entrepreneur, car il produit pour échanger, pour vendre, pour les besoins du public. Il *est à son compte*. Il risque. Mais il risque au minimum, parce qu'il travaille sur commande ; il ne crée pas d'avance des approvisionnements pour faire face à des besoins prévus, calculés par lui. Il lui manque ce qui est essentiel à l'entrepreneur moderne : le *fait d'assumer sur lui-même l'adaptation de la production aux besoins.* C'est encore le cas du petit artisan d'aujourd'hui, le savetier du coin de la rue.

Mais faisons un pas de plus, et nous trouverons l'entrepreneur type. Que notre savetier, par exemple, devienne cordonnier. Il n'attend plus la commande, il fabrique, il s'approvisionne, il devance la manifestation du besoin social, il fait acte de foi dans l'existence de ce besoin futur, il entreprend, il risque économiquement. Il est l'entrepreneur avec tout ce que ce mot comporte : *une idée, une initiative, un risque*, tout ceci pouvant être très petit ou très grand ; peu importent les proportions pour caractériser l'entreprise.

L'entreprise est donc définie comme étant une *œuvre privée de production en vue de la vente et pour le gain*; et l'entrepreneur, celui ou ceux qui prennent sur eux de grouper des forces économiques en vue de la production et de la vente d'une valeur échangeable, pour en retirer un bénéfice.

Pendant longtemps, une assez faible partie de la production se constitua sous forme d'entreprise, pendant que le reste échappait. Même à la fin du moyen âge, les métiers spécialisés sont en petit nombre, quelques dizaines seulement dans les pays les plus avancés au point de vue industriel. Il est à remarquer que les classes supérieures de la société resteront à certains égards plus réfractaires que les autres à la division du travail, leurs représentants persistant à mettre une sorte de point d'honneur à ne pas dépendre du marché et à se suffire à eux-mêmes et à leur maison, avec les produits de leurs domaines.

D'autre part, là où la division du travail se développa, elle se produisit d'abord plutôt par *tranches divergentes* que par *tranches successives*. Et ceci est presque exactement contraire aux tendances de l'organisation moderne, surtout depuis les manifestations croissantes de l'intégration du travail.

C'est à partir de la fin du XVIIIᵉ siècle que l'élan donné, très ralenti d'abord, va se précipiter. L'entreprise se diversifie à l'infini, envahit tout le champ de la production, en même temps que son type s'agrandit. Elle est favorisée par une division du travail devenue intense (près de 5.000 métiers dans l'industrie proprement dite seule, recensement allemand des métiers de 1882), soit entre les métiers eux-mêmes, soit entre les tâches d'un même métier.

Lorsque l'entreprise se développe ainsi comme type d'organisation générale, au petit atelier occupant quelques compagnons tout au plus, succèdent les trois formes modernes de la production industrielle : 1º l'industrie à domicile ; 2º la manufacture ; 3º l'usine.

L'industrie à domicile ne doit pas être confondue avec l'*industrie de famille*. Il ne s'agit pas ici de production directement affectée aux besoins de la famille et du foyer ; mais bien de produire pour la vente, et sous la direction d'un patron, qui peut être un capitaliste considérable. A cette phrase, la *concentration capitaliste* peut coïncider très bien avec la dissémination technique (ex. l'ancienne fabrique lyonnaise). La situation est assez complexe. L'entrepreneur patron n'assume pas la totalité des risques ; du moins il les réduit, en ce qu'il ne possède ni installation, ni outillage. Mais, outre qu'il fournit les matières premières, c'est lui qui a l'initiative de la production et de l'approvisionnement. L'ouvrier, de son côté, n'est qu'un salarié ; mais il garde encore quelques-uns des caractères de l'ancien artisan entrepreneur, car il a souvent un matériel à lui ; donc, il court un certain risque, selon qu'il usera bien ou mal du capital que ce matériel représente.

Avec la *manufacture*, les rôles des deux grands associés de la production se dégagent dans leur pureté économique. Le patron est entièrement et exclusivement l'entrepreneur ; l'ouvrier est salarié et rien que salarié. Le patron réunit les travailleurs dans un même local, et cette *concentration technique* favorise une division du travail plus parfaite. Cette organisation implique une accumulation capitaliste déjà avancée, mais moins cependant que l'usine, appelée barbarement la *machinofacture* par Vandervelde, et qui est la forme la plus typique de l'entreprise moderne. Celle-ci n'est apparue qu'à la fin du xviiie siècle, avec les premières grandes applications de la vapeur.

C'est à ce moment que, conscient du rôle que va remplir la division du travail, admirant les résultats qu'elle donnait déjà, Adam Smith vient en esquisser la théorie. Adam Smith longtemps considéré à tort comme le fondateur de l'économie politique, mais qui a du moins la gloire légitime d'avoir créé quelques-unes de ses plus importantes doctrines. Il montre la division du travail accroissant l'habileté du travailleur, épargnant le temps de la mise en train, facilitant l'emploi et la découverte des machines, économisant l'usure des outils, permettant de graduer les tâches selon les forces des travailleurs, procurant comme résultat final l'augmentation de la production, l'abaissement des prix et l'accroissement du bien-être général.

C'est sous ces auspices, avec ces espérances que se crée, à la fin du xviiie siècle, l'organisme industriel moderne. Ses défauts n'apparaissent pas encore ; la production va s'engager à pleines voiles dans la voie nouvelle qu'on lui ouvre ; mais si les résultats économiques attendus doivent être largement atteints, certains mécomptes sociaux, parfois cruels, devront aussi bientôt être enregistrés.

René GONNARD.

BIBLIOGRAPHIE [1]

Adam SMITH : Richesse des nations.

LEVASSEUR : Histoire des classes ouvrières.

GIDE : Cours d'économie politique.

LEROY-BEAULIEU : Cours d'économie politique.

LIESSE : Le travail aux points de vue scientifique, industriel et social.

SCHMOLLER : La division du travail étudiée au point de vue historique (*Revue d'économie politique*, 1889).

PORTE : Entrepreneurs et profits industriels.

BUCHER : La division du travail social et la formation des classes (*Revue d'économie politique*, 1893).

---

(1) Cette bibliographie sommaire n'a d'autre but que d'indiquer des lectures à faire à ceux des auditeurs des conférences qui désireraient compléter ainsi les explications données.

Sté de l'Imp. Théolier. — J. Thomas et Cie, Saint-Étienne.

CONFÉRENCES D'ÉCONOMIE POLITIQUE ET SOCIALE

faites à l'Hôtel des Ingénieurs

par M. René GONNARD, professeur à la Faculté de droit de Lyon.

———~~~✳~~~———

LE MACHINISME ET LA GRANDE INDUSTRIE

Deuxième conférence : samedi 25 novembre 1911.

RÉSUMÉ

La division du travail, très lentement progressive jusqu'au XVIIIe siècle, s'accélère ensuite rapidement. La principale cause de ce changement provient de l'apparition des machines. Ce n'est qu'avec les grandes inventions d'ordre technique que le rythme de la production se précipite.

Un ingénieur qui parcourt des traités d'économie politique doit être souvent scandalisé de constater que l'on ne trouve guère, dans ces ouvrages, de considérations sur l'histoire de la technique et les répercussions de celle-ci sur les faits économiques. Jusqu'à ces derniers temps, on se bornait trop généralement à souligner la double ligne de démarcation entre l'art et la science, et l'art et la pratique, pour proclamer ensuite, avec une modestie orgueilleuse, que l'économiste doit s'en tenir à la science seule. Et assurément, l'économiste n'a pas à se transformer en technicien ; mais s'il n'a pas à connaître forcément des procédés spéciaux grâce auxquels chaque espèce de richesse est produite, — s'il n'a pas à savoir comment on fabrique un vêtement ou on construit un cuirassé, — il doit s'attacher à l'étude des lois générales de l'industrie du vêtement et de l'industrie métallurgique.

L'introduction du machinisme, qui a permis à l'entreprise d'évoluer vers la grande industrie, ne s'est réalisée en grand que vers la fin du XVIIIᵉ siècle, et les premières applications importantes de la machine à vapeur. Nous devons essayer de dégager : 1° les caractères de la grande industrie, née de cette transformation ; 2° les résultats économiques et sociaux qu'elle a donnés.

I

On divise parfois l'histoire économique de l'humanité en trois périodes, caractérisées successivement par la prédominance de l'un des trois grands facteurs de la production : la nature, le travail, le capital. L'avènement de ce dernier est presque contemporain, et son incarnation la plus frappante s'est réalisée dans la machine, — la machine, capital par excellence, puisqu'elle est un moyen de production et qu'elle n'est que cela.

La grande industrie se caractérise d'abord par l'*emploi de la machine*. De cet emploi résulte que le processus productif se resserre, s'accélère, se régularise aussi et, fâcheusement peut-être, va se prolonger. L'intérêt du possesseur de la machine est de la faire fonctionner sans relâche : c'est d'ailleurs souvent une nécessité, vu les pertes considérables qu'entraîne tout arrêt de marche dans certaines usines à feu continu (hauts fourneaux, fours de verriers).

La grande industrie prend en conséquence un caractère *capitaliste*. Pour créer une entreprise, des capitaux de plus en plus importants sont nécessaires. De là une séparation plus marquée entre la classe patronale et la classe ouvrière. L'ouvrier reste, dans la plupart des cas, ouvrier toute sa vie, et le patron devient tel, ou peut le devenir, d'emblée.

Dans cette industrie, qui met en jeu le capital, principalement sous la forme de la machine, la *division du travail* s'accentue. Le travailleur se spécialise. Il n'a plus besoin de connaître intégralement son métier. Il peut, presque sans apprentissage, produire de suite. L'*ouvrier intégral* tend à disparaître.

Mais pour que l'entrepreneur puisse sans obstacle utiliser la force productive du capital, grouper par masses organisées les travailleurs, mettre en action toutes les ressources de la division du travail et du machinisme, il faut que le législateur proclame *la liberté du travail*, — ce qui ne signifie pas du tout *la liberté effective et concrète du travailleur*. Après la réforme législative opérée en France en 1776 et 1791, chacun sera libre de choisir sa profession ou de louer son travail dans des conditions que déterminera, à peu près seule, la convention des parties. Régime de liberté formelle, d'égalité nominale, où le travailleur aura tous les droits, — même celui d'accepter parfois des conditions de travail ruineuses, même celui de vendre à l'usine la santé et la vie de ses enfants.

II

Quels furent les résultats de la transformation de l'industrie par la technique nouvelle ?

Au point de vue économique, la machine ne déçut pas les espérances fondées sur elle. Une production plus rapide, plus abondante, plus économique, plus régulière aboutit à une diminution des prix de nombreuses denrées. Les industries à grand machinisme firent un pas immense en avant, au premier rang d'entre elles les industries textiles et métallurgiques. Les résultats tout d'abord obtenus enthousiasmèrent les économistes, dont les plus optimistes crurent entrevoir pour l'humanité un avenir de bien-être général, obtenu au prix d'un minimum de travail, grâce aux innombrables esclaves inanimés multipliés à son service par les fées Vapeur et Electricité. Optimisme que partagent encore et exagèrent les anarchistes d'aujourd'hui, dont les chefs prétendent établir scientifiquement la possibilité d'arriver à une surabondance de richesse avec un travail quotidien de trois à cinq quarts d'heure par homme.

La désillusion fut amère quand on dut constater que non seulement la machine ne donnait pas tout le bien qu'on attendait d'elle, mais engendrait des maux qu'on n'avait pas assez escomptés : prolongation excessive de la journée de travail, abaissement ou stagnation des salaires, — conditions de travail anti-hygiéniques, etc. Ces faits, signalés par Sismondi, Buret, Villermé, en France, stigmatisés par Dickens en Angleterre, atteignirent à une gravité d'autant plus redoutable que les femmes et les enfants — des *enfants de quatre ans !* — avaient, à l'appel de la machine, pris le chemin de l'usine. Pendant plusieurs décades, les manufactures britanniques devinrent pour des milliers d'enfants, des geôles très dures, dans lesquelles les intérêts de la production faisaient entièrement négliger ceux de l'humanité. Le sentiment de révolte instinctif de l'ouvrier contre la machine se transforma en une protestation raisonnée, mais tout aussi violente, de nombreux théoriciens ; et, Sismondi entre autres, crut pouvoir conclure qu'en présence de l'incompatibilité du progrès technique et du progrès moral et social, il fallait renoncer au prémier et se rejeter résolument vers les anciens modes de production.

Le procès de la machine, et plus généralement de la grande industrie, a été heureusement révisé par la suite, avec plus d'impartialité et de sang-froid, sang-froid qu'il était, avouons-le, difficile de garder en présence de certains abus. Mais ces abus, on a dû précisément reconnaître qu'ils n'étaient pas la conséquence forcée de l'emploi de la machine.

Au reproche dirigé contre celle-ci, d'entraîner pour l'ouvrier le surmenage physique, l'atrophie et l'hypertrophie de certains muscles, il a été répliqué que la machine, nouvelle lance d'Achille, apporte le remède aux maux qu'elle crée, en affranchissant de plus en plus le travailleur de la partie la plus pénible, la plus fatigante de sa tâche, en prenant sur elle le gros effort matériel, pour lui laisser la fonction de surveillance et d'entretien. On a indiqué de plus que, seules, la machine et la division du travail avaient permis à la *réduction graduelle de la journée de travail* par les lois protectrices, de s'opérer, sans que le consommateur ait à souffrir d'une diminution de la production et d'un ralentissement consécutif (1). De récentes enquêtes, conduites notamment dans les centres manufacturiers anglais, ont montré au reste que la « détérioration physique » de l'ouvrier n'était pas une réalité.

Au point de vue intellectuel et moral, on a incriminé la division du travail et le machinisme comme susceptibles de conduire à « l'abrutissement » de l'ouvrier. Mais, indépendamment de diverses considérations qui font contrepoids, les faits répondent encore ici : l'ouvrier appartenant aux régions et aux industries où le progrès technique est poussé le plus loin n'apparaît nullement, au contraire, comme intellectuellement inférieur à celui qui est contraint à travailler dans des conditions archaïques. Quel doit être l'homme à l'esprit le plus ouvert, du tisserand manœuvrant le vieux métier à navette ou de l'ouvrier moderne surveillant la marche d'un ou de deux métiers perfectionnés ?

Au point de vue économique, il est vrai que la division du travail, avec l'habitude de l'apprentissage incomplet et partiel auquel elle conduit, rend le replacement plus malaisé à l'ouvrier qui a perdu sa situation. Mais un très court apprentissage nouveau lui permettra de retrouver du travail, et dans les pays où le progrès technique est le plus avancé, la *spécialisation extrême des tâches* a suscité l'apparition d'un type d'ouvrier *absolument déspécialisé*, et qui, du jour au lendemain, passe d'une usine à l'autre, travaillant aux productions les plus diverses, la simplicité des tâches décomposées rendant tout apprentissage inutile.

Quant à la machine, il est incontestable que son introduction dans une industrie est parfois le signal d'une crise sociale, un certain nombre d'ouvriers devenant inutiles et perdant leur gagne-pain. Sans doute, ils peuvent gagner, comme consommateurs, à la réduction du prix du produit ; mais cela ne fait pas compensation. Il arrive, d'autre part, très souvent, que la machine crée de nouveaux emplois, et même en beaucoup plus grand nombre que les anciens ; mais cela ne se produit pas tout de suite, ni toujours.

Il ne faut donc pas vouloir trop prouver. La machine est bienfaisante pour l'humanité en général ; et ses inconvénients pour certaines classes, réels surtout lors de la première grande transformation du monde industriel, se sont atténués par la suite grandement.

---

(1) Ceci n'est nullement contradictoire avec ce que nous avons dit plus haut de l'allongement de la journée de travail, produit *au début* par la machine.

Mais ce serait exagérer que de prétendre qu'elle n'a jamais lésé aucun intérêt.

Peut-être aussi faut-il nous garer de certaines illusions relatives à la possibilité pour l'homme d'arriver à vivre presque sans travailler, grâce au concours des machines (les trois quarts d'heure de travail quotidien des anarchistes contemporains). La machine est pour nous une bienfaitrice puissante, une généreuse collaboratrice ; elle n'est pas, elle ne sera jamais sans doute la fée capable de soustraire l'homme à sa destinée de labeur et d'effort.

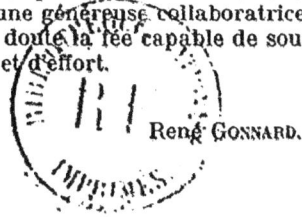

René GONNARD.

BIBLIOGRAPHIE [1]

SISMONDI : Nouveaux principes d'économie politique.

BURET : Misère des classes laborieuses.

VILLERMÉ : Tableau physique et moral des ouvriers employés dans les manufactures.

Paul MANTOUX : La révolution industrielle en Angleterre au XVIIIᵉ siècle.

René GONNARD : La femme dans l'industrie (2).

Auguste SOUCHON : La situation des ouvriers français à la fin du XIXᵉ siècle (*Musée social*, année 1899).

SCHULZE-GÆVERNITZ : La grande industrie.

VAN VORST (Mᵐᵉ) : L'ouvrière aux États-Unis.

---

(1) Cette bibliographie sommaire n'a d'autre but que d'indiquer des lectures à faire à ceux des auditeurs des conférences qui désireraient compléter ainsi les explications données.

(2) Armand Colin, éditeur.

Sté des Imp. Théolier. — J. Thomas et Cie, Saint-Étienne.

CONFÉRENCES D'ÉCONOMIE POLITIQUE ET SOCIALE

faites à l'Hôtel des Ingénieurs

par M. René GONNARD, professeur à la Faculté de droit de Lyon.

<hr>

Troisième conférence : *samedi 9 décembre 1911.*

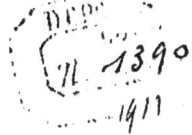

LA CONCENTRATION ÉCONOMIQUE

(RÉSUMÉ)

L'emploi du machinisme et l'accumulation capitaliste ont permis à l'entreprise d'évoluer vers la forme de la grande production. Cette évolution, favorisée par le développement des institutions de droit commercial, comme la Société anonyme, a vivement impressionné certains esprits, qui ont cru pouvoir conclure à l'existence *d'une loi générale de concentration* s'appliquant à tous les départements du domaine économique.

L'idée d'une loi générale de concentration a même eu cette fortune d'être acceptée avec faveur, à la fois par de nombreux économistes libéraux, et par les chefs de l'école collectiviste, les premiers voyant dans la constitution des grandes entreprises concentrées, le dernier mot du progrès technique et la glorification des « capitaines de l'industrie », les seconds y discernant une préparation à la centralisation suprême, qu'ils souhaitent, de toutes les forces économiques, au profit de la collectivité.

Que devons-nous penser de cette loi ?

24

I

Une première remarque très importante doit tout d'abord être faite. C'est que, sous le nom de concentration, on enregistre divers phénomènes, non pas hétérogènes, assurément, mais cependant distincts ; et la distinction n'est pas toujours faite comme elle devrait l'être, même par des économistes de profession.

En réalité, il y a au moins *quatre formes de concentration* :

1° La *concentration de la propriété*, que l'on pourrait appeler *concentration juridique* ;

2° La *concentration des entreprises*, ou concentration purement économique, laquelle n'implique pas nécessairement la précédente. La société anonyme contribue à la concentration économique, en même temps qu'elle peut se concilier, au contraire, avec une déconcentration de la propriété, si les actionnaires sont nombreux (Compagnies de chemins de fer, par exemple) (1) ;

3° La *concentration technique*, celle qui résulte de la réunion de puissants moyens de production en un espace, en un local limités. Elle peut coexister avec la concentration économique ; mais celle-ci ne l'implique pas non plus forcément : dans l'industrie à domicile, il peut y avoir concentration des entreprises avec dissémination technique (l'*ancienne* fabrique lyonnaise de soieries) ;

4° La *concentration géographique*, celle qui résulte du groupement, dans une région, des établissements industriels d'une certaine catégorie. Chose curieuse, la déconcentration géographique accompagne parfois la concentration technique ou économique (évolution actuelle de la soierie dans la région rhodanienne ; exemple du Creusot, etc.). La concentration géographique est une *concentration de l'industrie*, non de l'entreprise.

Il faut ajouter cependant que la concentration du deuxième type, celle que nous visons le plus spécialement, entraîne souvent les autres formes, mais c'est loin d'être inévitable.

De plus — seconde remarque — cette concentration elle-même est souvent mal comprise. On admet parfois qu'il y a concentration, simplement parce que le nombre et l'importance des grosses entreprises s'accroissent. Mais cela ne doit pas être considéré comme

_____

(1) Le phénomène inverse (concentration de la propriété, déconcentration de l'entreprise), se constate dans certaines régions agricoles où de grands domaines sont partagés pour l'exploitation, en fermes de moindre étendue.

suffisant. Pour qu'on puisse légitimement parler de concentration, il faut, semble-t-il, qu'il y ait à la fois : 1° *diminution* du nombre des entreprises, et 2° *grossissement* du type de celles qui survivent. La concentration correspond au groupement des forces jusque-là isolées, et non pas simplement à l'intensification de chacune d'entre elles.

Les théoriciens de la loi de concentration ont prétendu démontrer celle-ci par des faits concernant l'industrie, le commerce et l'agriculture. Dans l'industrie, on a affirmé qu'il se produisait un accroissement du nombre des entreprises à gros personnel et une diminution de celles à personnel restreint ; que les grands établissements employaient une part proportionnellement croissante de la force totale en chevaux vapeur utilisée par l'industrie. On a montré que dans plusieurs industries (textiles, fabriques de sucre, etc.), le nombre absolu des entreprises diminuait, soit en France, soit à l'étranger.

Le commerce a été aussi considéré comme soumis à cette loi de centralisation croissante, qui s'appliquerait d'une manière particulièrement frappante au commerce de détail (grands magasins et grands bazars, grandes épiceries, sociétés d'alimentation), ainsi qu'à la banque et aux assurances.

Enfin, on a cru constater que l'agriculture n'échappait pas au mouvement général, et la thèse de la concentration a été soutenue, en ce qui la concerne, avec beaucoup d'ardeur, sinon avec des arguments décisifs, par les partis socialistes (débats parlementaires français de 1897 ; *Agrarfrage* de Kautsky). On a notamment insisté sur le développement des fermes-mammouth des Etats-Unis, présenté comme une anticipation sur un futur progrès général, retardé jusqu'ici par les impédimenta des vieux pays civilisés.

II

A qui refuse de se laisser impressionner par le majestueux déroulement des grands schèmes généraux, la concentration ne paraît pas s'accomplir avec l'universalité et l'énergie que l'on prétend parfois. Parmi les faits cités, il y en a beaucoup qui ne sont pas pertinents, et il en est d'autres qui ne cadrent nullement avec l'hypothèse d'une concentration générale et proprement dite.

C'est ainsi que dans l'industrie française (*stricto sensu*), le nombre des établissements s'est élevé de 573.000 en 1896, à 594.000 en 1901 et à 608,000 en 1906 (1). Dans la plupart des industries, prises séparément, il y a eu accroissement, et ce qui est encore plus significatif, dans un grand nombre, cet accroissement a porté surtout sur les petites entreprises, celles occupant moins de cent ouvriers (alimen-

_____

(1) *Bulletin de l'Office du Travail*, septembre 1911.

tation : 3.528 établissements de plus en 1906 qu'en 1901, dont seulement 17 occupant plus de 100 ouvriers ; travail des étoffes : 4.507 établissements de plus, dont 59 seulement, etc.). Il y a même *d'importantes industries où, tandis que le nombre des établissements s'accroissait, celui des établissements occupant plus de cent ouvriers diminuait.* Seules, trois ou quatre catégories, sur une vingtaine de groupes, accusent indéniablement la concentration. Ce sont surtout les industries textiles, où se trouvent réunies la diminution du nombre des établissements en général (— 1.412) et l'augmentation du nombre des établissements à fort personnel (+ 56), la verrerie et la céramique. Même pour la métallurgie, la concentration apparaît assez douteuse (1), puisque de 1901 à 1906, le nombre des établissements a augmenté de quinze (toute balance faite) et celui des établissements de plus de cent ouvriers, de un seulement ; et dans les mines, le nombre *des grandes exploitations a diminué plus que le nombre total des exploitations.* De même, en Angleterre, et dans l'industrie la plus souvent citée comme exemple de concentration, l'industrie cotonnière, il y a bien grossissement du type moyen de la fabrique, mais non pas réduction (au contraire) du nombre des entreprises. La concentration ne s'avère donc comme effective et complète que dans certaines branches de l'industrie, du moins jusqu'à présent.

Elle paraît destinée à envahir assez aisément le domaine de la fabrication des produits manufacturés qui s'établissent en grand nombre, par séries uniformes, à exemplaires identiques, de conservation longue et de transport aisé. Mais elle se heurte à des obstacles quand il s'agit de la production d'articles ayant un cachet artistique, portant l'empreinte d'un fabricant déterminé, d'articles devant être normalement· exécutés sur commande et sur place ; quand il s'agit de travaux de réparation et d'entretien ; enfin, il en est de même pour la plupart des produits nouveaux, créés pour satisfaire à des besoins dont on ne connaît pas l'étendue, et en vue desquels on hésite à monter dès le début de grandes entreprises. L'inventeur crée sans cesse à la petite production des domaines nouveaux, à mesure que la concentration envahit certains des anciens ; il reste, là encore, le champion de l'individualisme contre l'anonymat des grandes sociétés.

Dans le champ du commerce, l'expansion des grands magasins n'a pas tué les petites boutiques, malgré les ambitieuses prophéties de Zola. Les magasins de faible importance gardent leur raison d'être en ce qui concerne la vente de nombreux produits, et pour des raisons diverses. La supériorité de la petite boutique est dans son ubiquité même. Certains petits commerces — pas toujours les plus intéressants — sont en voie de développement, et le nombre des patentés s'est accru, depuis quatre-vingts ans, beaucoup plus que proportionnellement à l'accroissement même de la population. Aujourd'hui encore, les tout petits établissements commerciaux, ceux qui n'emploient que de un à quatre employés représentent les 9/10

---

(1) Dans les dernières années du moins.

du total. Même dans les commerces où l'on a le plus parlé de concentration, comme le commerce de banque, le rôle des petites entreprises est loin d'être périmé (1).

Enfin, en ce qui concerne l'agriculture, la concentration n'apparaît guère. En France, le morcellement de l'exploitation s'est accru pendant presque tout le cours du XIX° siècle. Vers la fin, il paraît y avoir eu un léger recul de l'exploitation paysanne moyenne ; mais outre que ce recul fut *très peu sensible*, il s'explique aisément par des circonstances particulières qui ne dépendent pas de la loi de concentration — comme l'action ruineuse du phylloxéra de la vigne — et surtout de cet autre phylloxéra plus grave qu'est la dépopulation des campagnes (2). Enfin, d'après la dernière statistique établie tout récemment par le ministère de l'agriculture, *le faible recul constaté vers 1892 aurait fait place depuis à un nouveau progrès de l'exploitation paysanne petite et moyenne*. Mêmes faits en Allemagne, en Angleterre aussi, quoique peu sensibles dans ce pays traditionnel du landlordisme ; et, ce qui est le plus symptomatique, aux États-Unis, où le bluff avait prodigieusement agrandi l'importance des *fermes mammouth*, le type de l'exploitation agricole *tend à se réduire*.

Nous conclurons, 1° à un point de vue général, que les phénomènes économiques sont plus complexes, leur évolution plus délicate à saisir qu'on ne le suppose souvent. Nous nous défierons des grands schèmes d'ensemble, séduisants par leur simplicité grandiose, et nous écarterons la *dramaturgie économique*, redoutant les erreurs qui suivent les généralisations trop rapides ;

2° Au point de vue spécial de la concentration, nous admettrons que celle-ci est *très réelle* dans certaines branches de la production, *douteuse* dans d'autres, et *non perceptible*, sauf pour des yeux prévenus, dans d'autres encore. Nous considérerons comme une simple hypothèse, dans l'état actuel des choses, l'idée qu'elle doive toujours, partout, et fatalement s'opérer. Sur ce point, la révision que les collectivistes contemporains ont fait subir aux doctrines de Marx est tout à fait significative.

René GONNARD.

(1) Voyez BROCARD, *Les banques régionales, Fédération des industriels et des commerçants*, 1er août 1910.

(2) L'action de la dépopulation rurale est d'autant plus certaine ici, que le recul passager de l'exploitation petite et moyenne a été surtout constaté au sud de la Loire, dans le bassin de la Garonne en particulier. Or, on sait quel intense foyer de malthusianisme constitue le cœur de ce bassin. Dans plusieurs départements, il ne naît presque plus d'enfants. Il est vrai que ceux qui naissent encore deviennent tous ministres... Mais cela ne fait pas compensation.

BIBLIOGRAPHIE [1]

Bourguin : Les systèmes socialistes et l'évolution économique.

D'Avenel : Le mécanisme de la vie moderne.

De Rousiers : La vie américaine.

V. Pareto : Cours d'économie politique.

Schulze-Gævernitz : La grande industrie.

R. Gonnard : Une visite au Creusot (Questions pratiques de législation ouvrière, mai et juillet 1906).

---

(1) Cette bibliographie sommaire n'a d'autre but que d'indiquer des lectures à faire à ceux des auditeurs des conférences qui désireraient compléter ainsi les explications données.

Sté de l'Imp. Théolier. — J. Thomas et Cⁱᵉ, Saint-Étienne.

CONFÉRENCES D'ÉCONOMIE POLITIQUE ET SOCIALE

faites à l'Hôtel des Ingénieurs

par M. René GONNARD, professeur à la Faculté de droit de Lyon.

———✳———

Quatrième conférence : *23 décembre 1911.*

———

LES UNIONS D'ENTREPRENEURS

(RÉSUMÉ)

———◆◇◆———

Nous avons précédemment établi que la loi dite de concentration n'a pas la portée absolue et incontestable qu'on a voulu d'abord lui attribuer. Mais nous avons admis aussi que cette loi s'exerce visiblement dans certaines branches de la production. Cette action s'est manifestée notamment, dans la période la plus récente, par l'apparition de groupements aux proportions souvent colossales et tendant à soumettre un certain nombre d'entreprises, en tout ou en partie, à une direction commune. L'importance des moyens dont ces groupements disposent, le chiffre de leurs capitaux et les résultats obtenus par eux ont fort impressionné l'opinion publique, et leur rôle a été très passionnément — et diversement — apprécié.

On leur applique la dénomination générale d'*Unions d'entrepreneurs.* Mais leurs types sont multiples, ainsi d'ailleurs que sont diverses leurs chances de succès. Nous essaierons, en conséquence, de les classer et les caractériser d'abord ; puis nous rechercherons, dans la mesure du possible, à déterminer leur évolution et à pressentir leur avenir, tel qu'il peut résulter de leur organisation même, et aussi du milieu dans lequel (milieu législatif notamment) ils ont à opérer.

I

Les deux types les plus connus d'Unions d'entrepreneurs sont les *Cartells* et les *Trusts*. On a parlé aussi des *Corners*. Mais, en réalité, il ne s'agit là que de groupements d'un caractère tout autre, moins intéressants au point de vue économique et plus répréhensibles au point de vue moral, groupements, non d'industriels, mais de spéculateurs, et ayant pour but la réalisation d'un coup de bourse, grâce à l'accaparement ou à d'autres manœuvres similaires. L'opération reste exclusivement commerciale. Au contraire, les unions d'entrepreneurs proprement dites, nées du besoin d'entente entre producteurs concurrents, ont le caractère de groupements *industriels, durables*, et comportent *la création d'organismes permanents*.

Les cartells diffèrent des trusts, non seulement par leur origine géographique (austro-allemande pour les premiers, américaine pour les seconds), mais par le degré d'énergie du lien qui unit les adhérents. Le trust supprime presque complètement l'indépendance de ceux-ci, tandis que le cartell ne la limite que sur un certain nombre de points déterminés par la convention.

A ce point de vue on distingue principalement :

1° Les cartells relatifs *aux conditions de vente ;*

2° Les cartells de *prix ;*

3° Les cartells de *limitation de production ;*

4° Les cartells de *partage de débouchés ;*

5° Les cartells établissant le *partage de la production* entre les associés ;

6° Les cartells de *centralisation des ventes à l'intérieur ;*

7° Les cartells *réglementant l'exportation* seulement.

Il est souvent arrivé que des adhérents d'un cartell ont manqué aux obligations que la charte du cartell leur imposait, et cela malgré les sanctions (amendes ou primes), parfois inefficaces, auxquelles on a eu recours. C'est de la nécessité de se prémunir contre des faits de ce genre qu'est né le *Syndicat de vente*, sorte de cartell d'un type particulier, grâce auquel la concentration des opérations de vente s'opère aux mains du groupe même ; chaque adhérent conserve la direction industrielle de son usine, mais il renonce, au profit du bureau de vente créé par le cartell, à la gestion commerciale de son entreprise (1).

_____

(1) Voyez Martin SAINT-LÉON, *Cartells et Trusts*.

Le Syndicat de vente peut d'ailleurs lui-même revêtir plusieurs formes : tantôt le bureau de vente agit comme un simple courtier transmettant les commandes à chacun des adhérents, désormais seul obligé et seul fondé à s'en prévaloir ; tantôt le bureau traite au nom du cartell et passe ensuite la commande à un des associés ; tantôt il agit en son nom propre et perçoit des commissions sur les ventes, tantôt une Société constituée par le cartell achète toute la production des adhérents et la revend à ses risques et périls. Dans tous les cas, un *corps plus ou moins opaque* s'interpose entre le public et chacune des entreprises individuelles.

Les *trusts* se sont développés aux Etats-Unis depuis une trentaine d'années. Les premiers d'entre eux ont succédé aux *pools*, organisations assez analogues aux cartells, mais dont les adhérents, insuffisamment disciplinés, et parfois insuffisamment honnêtes, respectaient mal leurs engagements. On fit alors usage, en vue de parer à cet inconvénient, d'une institution de droit civil anglo-saxon (*trust, trustee*) pour créer des ententes et des groupements, autocratiquement dirigés par un petit nombre de magnats de l'industrie. Mais ces trusts de la première forme, les seuls d'ailleurs qui méritent étymologiquement et juridiquement ce nom, furent bientôt en butte aux rigueurs de la législation et, bien que la magistrature américaine interprétât de façon très anodine la loi de 1890, les grands promoteurs de trusts eurent recours alors à des combinaisons nouvelles, dont trois surtout ont été fréquemment employées :

1º La *fusion* pure et simple des entreprises jusque-là associées ;

2º La dissolution des anciennes sociétés (1) et la constitution de sociétés nouvelles dans lesquelles les anciens *trustees* se réservent la majorité des actions ;

3º Enfin, le *holding trust*, constitué par une société financière superposée aux sociétés industrielles qu'il s'agit de grouper, et dont le but est d'acquérir la majorité des actions dans chacune de celles-ci. Cette forme a tendu à prévaloir depuis 1898. C'est elle qui a été appliquée aux trusts de l'acier et de l'Océan.

Ajoutons que, presque toujours, le trust se constitue avec un capital social *mouillé*, c'est-à-dire très supérieur au capital réel des sociétés groupées, ou aux apports des adhérents. On cite des cas de majoration allant au sextuple, et même bien au delà, jusqu'à 50/1. L'avantage est d'impressionner le public par l'idée d'une force capitaliste énorme, et aussi de dissimuler le véritable taux des bénéfices qui n'apparaissent que moyens par rapport au capital fictif, alors qu'ils sont énormes par rapport au capital réel.

---

(1) Le trust étant le plus souvent constitué par un groupement de sociétés anonymes.

II

Les cartells et les trusts possèdent, d'après leurs partisans, de sérieux avantages. Ceux des premiers sont surtout d'ordre commercial : économies sur l'achat des matières premières par grandes quantités — économies de transport par l'assignation à chaque usine d'une zone de débouchés dans sa proximité — diminution des frais de publicité — suppression des crédits à long terme et des escomptes ruineux, etc. A ces avantages, les trusts en ajouteraient d'autres, d'ordre industriel : ils représenteraient la production scientifique, le progrès technique, l'organisation succédant à la concurrence anarchique, l'adaptation raisonnée de la production à la consommation. Leur développement serait bienfaisant, non seulement pour leurs promoteurs, mais pour les consommateurs qui seraient mieux servis et à meilleur prix, et pour les ouvriers à qui ils assureraient de plus hauts salaires et une plus grande stabilité dans les conditions du travail.

L'expérience a cependant montré que cartells et trusts échouaient assez fréquemment et que leurs efforts avaient besoin, pour être couronnés de succès, de se produire dans un milieu favorable, pour des produits d'une certaine uniformité, présentant des conditions peu variées pour la fabrication et les prix de revient, n'ayant pas de succédanés ; il importe aussi que les concurrents qu'il s'agit de grouper soient déjà en nombre réduit, autant que possible concentrés dans une même région, etc. On ajoute souvent que les unions d'entrepreneurs ne prospèrent qu'à l'abri d'une barrière protectionniste ; mais l'exemple de l'Angleterre libre-échangiste, et qui n'en a pas moins de nombreux groupements analogues à ceux d'Allemagne et d'Amérique, prouve le contraire. Le protectionnisme est une condition favorable aux trusts, mais non nécessaire.

Si, malgré leur puissance capitaliste, les unions échouent souvent, c'est qu'elles sont en butte à la quadruple hostilité des concurrents restés libres, des consommateurs, des ouvriers et, parfois, de l'Etat. Mais pourquoi cette hostilité en présence de ce que l'on présente souvent comme un progrès réalisé ?

C'est que cette dernière thèse est précisément fort contestable. En réalité, on peut discuter tous les arguments des partisans des unions.

Au point de vue du progrès de la production, on remarquera que le trust, de même que le cartell, *tend au monopole*, et que le but de ce monopole est de réaliser : 1° *la limitation de la production* ; 2° *le relèvement, le maintien ou tout au moins le moindre abaissement des prix*. Or, en thèse générale, le progrès économique consiste, au contraire, dans l'abondance et le bon marché. Devenu maître du marché, le trust participera aux défauts des entreprises monopolisées. Le profit est *dénaturé dans son essence :* il n'est plus le prix d'un progrès, mais un prélèvement opéré à peu près arbitrairement sur le consommateur.

D'autre part, la stabilité assurée par les trusts est fort douteuse ; il y a même chance pour que leur domination entraîne des crises redoutables, puisque, toute la production étant aux mains d'un seul groupe d'entrepreneurs, leurs erreurs ne peuvent être compensées par les appréciations différentes de leurs concurrents. De plus, la création et la chute d'un trust sont généralement l'occasion de crises plus ou moins graves.

L'action du trust, malgré certaines apparences, s'exerce dans le sens d'un renchérissement que rend nécessaire son appétit de bénéfices ; quant à la qualité des produits du trust, elle est souvent sujette à caution (1).

Quant aux résultats produits par le développement des trusts au point de vue des intérêts de la classe ouvrière, celle-ci ne paraît pas les apprécier ; elle redoute de trouver en eux de tout-puissants adversaires, et elle a salué par des grèves formidables la constitution de certains grands trusts.

En somme, il est impossible de généraliser d'une façon absolue. Parmi les unions d'entrepreneurs, il y en a d'*inoffensives*, même de *bienfaisantes* (2). D'autres sont *dangereuses* et usent de pratiques condamnables, économiquement et moralement. Aussi, tandis que l'opinion et l'Etat sont plutôt favorables aux cartells en Allemagne, — tandis qu'en France, nous n'avons pas encore éprouvé le besoin d'interpréter rigoureusement l'article 419 du Code pénal (3) — aux Etats-Unis, au contraire, la lutte est engagée entre l'Etat et les trusts, lutte dans laquelle ceux-ci ont longtemps eu le dessus, mais paraissent aujourd'hui menacés plus gravement. L'opinion publique se déchaîne contre eux avec violence ; les tribunaux ont accentué la sévérité de leurs interprétations et ont asséné à certains d'entre eux de formidables amendes (150 millions d'amendes au trust du pétrole) ; et il semble bien que l'investissement de ces hautaines citadelles économiques se resserre de plus en plus.

En vain leurs partisans objectent-ils que prétendre les détruire c'est aller contre l'évolution et vouloir remonter un courant fatal. Les Américains — et avec raison — n'admettent pas que tout ce qui est nouveau constitue nécessairement un progrès et une fatalité, et l'un de leurs hauts magistrats répliquait naguère à l'objection dont il s'agit : « Il y a des évolutions absolument condamnables et des évolutionnistes qu'il faut pendre. » L'avenir des grands trusts est donc quelque peu assombri en ce moment.

René GONNARD.

---

(1) Voir UPTON-SINCLAIR, *La Jungle* et *Les Empoisonneurs de Chicago*.

(2) On reconnaît assez généralement ce caractère au syndicat métallurgique français de Longwy.

(3) Un peu sybillin d'ailleurs, et dont on pourrait tirer des jurisprudences assez diverses.

BIBLIOGRAPHIE [1]

Beyssade : Les Unions d'entrepreneurs.

De Rousiers : Les industries monopolisées aux Etats-Unis.

Martin Saint-Léon : Cartells et Trusts.

Souchon : Les cartells de l'agriculture en Allemagne.

Chastin : Les trusts.

Prévost : Les ententes entre producteurs en France.

Villain : Le fer, la houille et la métallurgie.

Kleinwächter : Die Kartelle.

Jenks : The trusts problem.

Favre : Trusts américains (*Revue d'Econom. polit.* 1899).

Lescure : L'évolution du cartell, etc. (*Rev. d'Econom. polit.* 1906.)

_____

(1) Cette bibliographie sommaire n'a d'autre but que d'indiquer des lectures à faire à ceux des auditeurs des conférences qui désireraient compléter ainsi les explications données.

Sté de l'imp. Théolier. — J. Thomas et Cie, Saint-Etienne.

CONFÉRENCES D'ÉCONOMIE POLITIQUE ET SOCIALE

faites à l'Hôtel des Ingénieurs

par M. René GONNARD, professeur à la Faculté de droit de Lyon.

5e conférence : *6 janvier 1912*

L'INTÉGRATION

(RÉSUMÉ)

A l'étude de la concentration économique se lie étroitement celle de *l'intégration*, qui constitue, à vrai dire, un aspect de la concentration elle-même, mais un aspect très particulier, en même temps que très caractéristique au point de vue de l'entreprise moderne. Ce phénomène n'a été que très récemment et, jusqu'ici, assez rarement étudié.

Il est né, comme la concentration en général, — dans la mesure où celle-ci est une réalité, — comme aussi les unions d'entrepreneurs, — de la division du travail et de la concurrence. Et, comme elles encore, il apparaît ainsi qu'une réaction contre cette même concurrence dont il est né. Apparence trompeuse peut-être, comme nous aurons à le rechercher. Mais de même que les unions d'entrepreneurs, sorties de la concurrence, semblent mener au monopole, de même l'intégration, issue de la division du travail, semble *à première vue* en être la contradiction et la négation. Un observateur superficiel pourrait aisément penser qu'elle en implique un recul tout au moins ; et il est en tout cas certain qu'elle se propose de remédier à certains de ses inconvénients.

Il importe donc avant tout de bien préciser ce que signifie ce terme, assez nouveau venu dans la langue économique, de définir l'intégration et de souligner ses caractères. Nous rechercherons ensuite quel est son rôle et quels effets s'attachent à son développement dans l'entreprise contemporaine.

I

L'intégration consiste à réunir, en un même tout harmonique et sous une même direction, différentes industries spécialisées, qui concourent à l'élaboration d'un même produit ou à la satisfaction d'un même besoin.

Elle est donc une forme de la concentration, mais une forme spéciale, parce que ce qui se concentre ici, ce ne sont pas des *établissements semblables* entre eux (filatures avec filatures, sucreries avec sucreries, etc.), mais des établissements *différents*, en même temps *que complémentaires* les uns des autres (filatures avec tissages, sucreries avec raffineries, etc.). Les opérations qu'on réunit ne sont pas des opérations identiques, mais au contraire distinctes, tout en étant liées par un lien de succession ou de connexité. Le progrès qui en résulte n'existe donc pas au seul point de vue du grossissement ou de l'intensification de l'entreprise intégrée, mais à celui de son *organisation*. La concentration simple peut avoir un caractère purement mécanique ; l'intégration a un caractère forcément organique.

Groupant des industries antérieurement spécialisées et distinctes, l'intégration constitue-t-elle un phénomène contraire à celui de la division du travail ? Nullement. Entre le régime qu'elle instaure et celui qui précédait la division du travail, il y a la même différence qu'entre la synthèse confuse qui précède l'analyse et la synthèse claire qui la suit, en en conservant les résultats. Dans l'entreprise *intégrée*, subsistent de même, et, qui plus est, se consolident et s'agrandissent, les résultats de la division du travail. La direction est unique, mais la spécialisation technique n'est pas atteinte, au contraire. Chaque établissement garde son machinisme, son personnel, sa comptabilité distincte.

Les industries ou établissements intégrés doivent être *connexes*, sans quoi on est en présence, non d'une intégration véritable, mais d'une simple *juxtaposition* sans intérêt spécial. Le cultivateur qui produit simultanément du blé et des betteraves ne fait pas de l'intégration, mais simplement de la polyculture. De même, suivant l'exemple cité par M. Passama, la Cⁱᵉ des Salins du Midi, quand elle utilise ses terrains pour la plantation des vignes. Au contraire, le fabricant de sucre qui s'annexe des terres à betteraves, ou l'imprimeur qui s'adjoint une fonderie de caractères, font de l'intégration sans conteste.

On doit ajouter, pour que l'intégration soit entièrement réalisée, que les entreprises réunies doivent être groupées en un tout harmonique, dirigées vers un but commun, sinon localisées dans un même lieu, et que la combinaison doit avoir, d'autre part, un caractère de permanence.

Il y a deux grandes formes d'intégration :

a) L'intégration que l'on appelle *verticale*, — celle qui réunit en une seule entreprise les différentes opérations qui se succèdent dans la fabrication d'un ou de plusieurs produits. (Cas d'une entreprise qui réunit des exploitations de houille, de minerai, des hauts fourneaux, des forges, des ateliers métallurgiques, etc. Ex. : Le Creusot.)

b) L'intégration *horizontale* ou *latérale* qui groupe des industries ou commerces concourant à la satisfaction d'un même besoin ou d'un même groupe de besoins, mais seulement pour un certain état du produit (généralement l'état achevé). C'est le cas des grands bazars, grandes épiceries du type Potin, etc.

La première forme d'intégration vise à organiser la production ; l'autre, à organiser les besoins. Les deux formes peuvent d'ailleurs être combinées. Les épiceries dont il s'agit, par exemple, en même temps qu'elles réalisent l'intégration horizontale, par la vente de produits très divers dans des comptoirs ou rayons multiples, font également de l'intégration verticale, en fabriquant elles-mêmes dans les usines qui en dépendent, un certain nombre de ces produits.

L'intégration peut encore être divisée en : 1° *industrielle* (généralement verticale), et 2° *commerciale* (généralement horizontale). Quand elle est mixte, il se peut qu'elle soit réalisée, soit sur l'initiative du commerçant, soit sur celle de l'industriel, soit enfin sur celle du consommateur (grandes coopératives de consommation anglaises et belges, à rayons très variés). Elle est à un nombre plus ou moins grand de degrés, selon qu'elle aboutit à l'annexion, soit partielle, soit complète des industries connexes. Dans la métallurgie, l'intégration est très fréquemment à degrés multiples.

Les procédés juridiques qui lui permettent de se réaliser sont eux-mêmes très nombreux. Souvent l'entrepreneur qui prend l'initiative de l'intégration, achète la firme connexe ou la crée de toutes pièces lui-même ; parfois il se contente de se constituer locataire ou emphytéote (les sucriers du nord de la France qui afferment de vastes terrains pour y produire eux-mêmes les betteraves nécessaires à leur exploitation). Il arrive aussi que l'intégration se réalise par voie d'association entre les firmes ou par celle de la *participation financière ;* la firme qui solidarise ses intérêts avec ceux de quelques autres achète une partie de leurs actions, y prend une « participation », ou fonde une filiale dont elle garde une partie des titres. Parfois encore deux établissements font échange d'une fraction de leur capital et ont alors une influence réciproque sur leur fonctionnement (mine et aciérie). Le *holding* est une variante de ce système : On crée une société dont l'objet sera non de produire immédiatement elle-même, mais d'acquérir et détenir une partie plus ou moins importante des actions de plusieurs sociétés industrielles. (Certains grands trusts, comme celui de l'acier, ont réalisé de vastes intégrations.) Enfin, quand l'intégration prend une envergure exceptionnelle, on a recours simultanément à ces divers procédés, et on arrive à créer un organisme composite auquel on donne souvent, faute de désignation juridique adéquate, le nom de « groupe », en le caractérisant par le nom du principal intéressé.

L'intégration peut même prendre la forme d'une association internationale. Elle s'est surtout développée dans les industries métallurgiques (de grandes maisons fabriquant de tout, depuis des clous jusqu'à des cuirassés armés), chimiques, textiles, alimentaires, dans celles du caoutchouc, du papier, du cuir, celles de transports, de la banque, des assurances, l'industrie hôtelière, etc.

II

Des avantages certains sont attachés au développement de l'intégration :

1° *Suppression de certains antagonismes* entre les industries qui se suivent dans le processus de production, et substitution d'une unité de vues ; suppression de frottements et de heurts ; poursuite du progrès technique suivant la *ligne de moindre résistance* ;

2° *Réduction de certains frais* de la production, économies de temps, de transport, de manutention, mise en commun de certains services ;

3° *Facilités plus grandes* pour l'approvisionnement des matières premières ou l'écoulement des produits (et des déchets) ;

4° *Assurance* naturelle contre les risques tenant à une étroite spécialisation des usines. Dans l'entreprise intégrée, chaque compartiment proportionne sa production aux besoins des autres ;

5° *Accroissement de la force combative* de l'entreprise où toute la production est soumise à l'unité de commandement ; et *force plus grande pour la défensive*. Dans l'entreprise intégrée, forteresse fermée, l'entrepreneur jouit d'une pleine sécurité ; il n'a pas à redouter d'oppression dans le sens vertical, ni par en bas, de ses fournisseurs, ni par en haut des acheteurs, si ce n'est de ceux du produit définitif. (Depuis que les fabricants de sucre ont créé dans certains pays, des raffineries coopératives, ils se sont soustraits au despotisme des grands raffineurs.)

On a signalé également des inconvénients :

1° Introduction de nouvelles *difficultés de coordination*, accroissement des chances de déperdition et de coulage ;

2° *Extension exagérée* de l'envergure des entreprises, alourdissement de la marche de l'entreprise, difficulté de recruter des directeurs capables ;

3° *Crises* succédant à l'incorporation d'un nouveau compartiment pendant une phase plus ou moins longue d'agencement et d'apprentissage ;

4° *Représailles et boycottages* des concurrents spécialisés et redoutant l'éviction.

En somme, malgré ces défauts, l'intégration apparaît comme un progrès technique, mais un système d'efficacité variable, dont le succès dépend de la nature des industries, du degré d'avancement de la technique, du capital disponible, etc. Son développement est en harmonie avec celui de la division du travail et de la concentration, avec celui des grandes unions d'entrepreneurs ; l'*encartellement* favorise l'intégration, et réciproquement. Son champ actuel s'étendra sans doute, dans la mesure où elle constitue un palliatif heureux à une division du travail intense (qu'elle maintient et développe même, mais dont elle annihile certains effets fâcheux) ; mais pas plus pour l'intégration que pour la concentration en général, on ne peut songer à prédire déjà qu'elle doive envahir la production tout entière.

Encore moins peut-on adhérer aux affirmations ambitieuses de ceux qui, dès aujourd'hui, y croient voir un prodrome du collectivisme ou du coopératisme intégral. Jusqu'à présent, l'intégration reste une arme à l'usage de l'entrepreneur privé, et l'on a même signalé qu'elle se développe également bien dans des industries où la concurrence est très vive, et dans celles où elle est atténuée par des ententes ; elle constitue un mode d'organisation de la production, et non pas — semble-t-il jusqu'ici — un moyen de générale transformation sociale. Création de l'initiative privée des grands capitaines de l'industrie, elle peut évoluer plus tard dans des directions qu'il serait encore prématuré de vouloir préciser sûrement ; en attendant, bien employée, elle peut servir les intérêts du plus grand nombre, en permettant de produire plus et de satisfaire mieux les besoins des consommateurs.

René GONNARD.

———~~~✳~~~———

BIBLIOGRAPHIE [1]

BOURGUIN : ouvrage cité précédemment.

VILLAIN : id.

LANDRY : Manuel économique.

PASSAMA : Formes nouvelles de concentration industrielle.

DOLLÉANS : L'intégration de l'industrie, *Revue d'Economie Politique, 1902.*

LESCURE : Aspects récents de la concentration industrielle, *Revue Economique Internationale, 1909.*

GONNARD : Article cité précédemment.

WILLOUGBY : The integration of industrie in the U. S. *Quaterly Journal of Economics, 1901.*

(1) Cette bibliographie sommaire n'a d'autre but que d'indiquer des lectures à faire à ceux des auditeurs des conférences qui désireraient compléter ainsi les explications données.

Sté de l'Imp. Théolier. — J. Thomas et Cⁱᵉ, Saint-Etienne.

CONFÉRENCES D'ÉCONOMIE POLITIQUE ET SOCIALE

faites à l'Hôtel des Ingénieurs

par M. René GONNARD, professeur à la Faculté de droit de Lyon.

— ~~~✳~~~ —

DEUXIÈME PARTIE. — QUESTIONS SOCIALES.

Sixième conférence : 27 *janvier 1912.*

LES ORGANISATIONS OUVRIÈRES

(RÉSUMÉ)

I

Les organisations ouvrières se rattachent, dans leur multiplicité, à deux grands types surtout : l'association professionnelle et l'association coopérative.

L'histoire de l'association professionnelle remonte jusqu'aux législateurs légendaires ou semi-légendaires (Numa). Il est certain que les associations d'artisans ont joué, durant toute la période de l'histoire de Rome, un rôle, très mêlé de vicissitudes politiques, évoluant de la forme mutualiste à la forme étatiste, et constituant, aux phases troublées des derniers temps de la République, des foyers de désordre et d'émeutes, comparables à notre C. G. T. (1)

---

(1) V. R. GONNARD, « Les corporations d'artisans sous la république romaine », *Revue générale du droit*, 1897.

Aux XI°-XII siècles, l'organisation professionnelle reparaît sous l'aspect de la corporation médiévale, pour ne disparaître qu'en 1791, et d'une manière purement temporaire. En fait, cette organisation, et spécialement celle des ouvriers et artisans, n'a guère jamais cessé d'être réalisée, depuis les plus lointaines origines : c'est un groupement naturel, comme la cité, l'Etat, la famille. L'homme ne peut pas ne pas se sentir lié par une solidarité spéciale avec ceux qui, exerçant le même métier, ont forcément avec lui des intérêts et des préoccupations communes, des besoins communs et qui se meuvent dans un même cercle d'idées. Toujours, il cherchera à se grouper et s'entendre avec eux.

Seulement — ce groupement, condition de force vis-à-vis des autres individus ou groupes — et surtout vis-à-vis de ceux qui détiennent la force politique ou économique, le pouvoir ou la richesse — ce groupement exige une certaine cohésion, une certaine discipline de ses adhérents. Il les protège, mais il peut les tyranniser ; et sa tyrannie risque de devenir d'autant plus terrible qu'elle s'exerce sur les conditions essentielles de la vie et du travail, sur le gagne-pain, sur les possibilités d'existence.

Aussi est-ce même encore aujourd'hui un problème de savoir si le droit d'association professionnelle peut *réellement* se concilier avec la liberté individuelle du travail. Le législateur moderne (loi du 21 mars 1884) a cru à cette possibilité. Mais c'est là une conception nouvelle. Il en a été autrement dans le passé, et autrement, *de deux façons différentes*. Sous le régime médiéval des corporations, la *liberté individuelle du travail* n'existait pas ; elle était sacrifiée *aux libertés* et aux privilèges du groupe corporatif. Puis la Révolution inaugura une attitude inverse, mais *symétrique*, sacrifiant les droits du groupe professionnel, et le groupe lui-même à la liberté individuelle du travail. Non contente de supprimer les corporations, elle interdit de rétablir aucune association professionnelle et prohiba même les ententes temporaires (coalitions). Plus encore, elle refusa d'admettre qu'elles puissent avoir un but légitime, et de reconnaître les « prétendus intérêts communs » des membres d'un même métier. De deux manières successives et opposées, la tradition et la Révolution s'accordèrent donc cependant au fond, pour proclamer l'incompatibilité de la liberté individuelle du travail avec la liberté d'association professionnelle.

Cette incompatibilité resta vérité légale jusqu'aux deux lois du 25 mai 1864 et du 21 mars 1884. Depuis cette dernière loi surtout, notre droit proclame à la fois les deux principes, les deux libertés. Notre doctrine économique s'efforce de les concilier ; et bien plus, de nombreux auteurs font du droit d'association le corollaire même de la liberté du travail. Mais, en présence des prétentions des syndicats ouvriers à exercer une autorité tyrannique, non seulement sur leurs membres, mais sur tous les travailleurs du métier, on peut se demander encore si nos ancêtres n'avaient pas vu juste, et si les deux termes ne sont pas au fond inconciliables. La liberté individuelle du travailleur tomberait-elle sous le coup de l'affirmation désenchantée de Tarde, que la liberté n'est jamais qu'un passage entre deux servitudes, comme l'égalité une transition entre deux hiérarchies ?

La seconde grande forme des associations ouvrières, c'est l'association coopérative. Tandis que par le groupement professionnel,
les ouvriers cherchent principalement à défendre leurs intérêts contre le patron, par l'association coopérative, ils essaient de se passer
de lui ; les trois grandes catégories de coopératives — appliquées à
la production, à la consommation, au crédit — tendent à éliminer
respectivement le patron-industriel, le patron-commerçant, le pa-
tron-banquier.

Remarquons, tout d'abord, que les observations plus haut résumées au sujet de l'association professionnelle ne s'appliquent pas à
l'association de coopération, le sociétés coopératives étant des sociétés comparables aux autres sociétés de droit commercial ou de droit
civil, créées dans un but économique, et s'étant même pendant longtemps développées sans régime spécial, dans le cadre du droit commun. Ce développement peut se faire dans un milieu de liberté du
travail, sans contradiction ni heurt, et les économistes libéraux sont
favorables en général à la société coopérative, tant que les coopérateurs ne prétendent pas à un régime de faveur et à des privilèges
exorbitants du droit commun.

II

La loi des 14-17 juin 1791 avait prohibé les associations professionnelles et les coalitions. L'évolution inverse se réalisa par les deux
lois du 25 mai 1864 (*suppression du délit de coalition*) et du 21 mars
1884 (*reconnaissance du droit d'association*). Sans nullement entrer
dans l'étude juridique de cette dernière loi, tant de fois faite — je
rappellerai que l'intention du législateur a été de circonscrire l'*acti-
vité* des syndicats dans l'*étude et la défense des intérêts professionnels communs*, excluant aussi bien l'action politique que les opérations commerciales. D'autre part l'esprit de la loi était libéral et
égalitaire, le droit d'association étant concédé dans les mêmes termes aux ouvriers et aux patrons ; et les syndicats ouvriers, patronaux et mixtes, devant avoir mêmes droits et mêmes obligations.

Il faut remarquer enfin et surtout que, dans l'intention du législateur, l'association professionnelle, destinée à rendre plus réelle et
plus concrète la liberté du travailleur, ne devait jamais se retourner contre cette liberté. En conséquence, l'adhésion au syndicat
devait être purement facultative, et le syndicat devait respecter
scrupuleusement la liberté des ouvriers ou patrons non adhérents.
« Le droit de travailler d'un seul ouvrier, avait dit le promoteur de
la loi de 1884, doit être considéré comme aussi respectable que celui
de tous les autres à faire grève. »

On sait quel a été le développement des syndicats. Les seuls syndicats des ouvriers de l'industrie ont dépassé au 1er janvier 1911 le
nombre de 5.300 et leurs adhérents ont atteint à la même date le
chiffre de 1.029.000, ce qui ne représente cependant encore qu'envi-

ron 20 % du chiffre total des salariés de l'industrie. Un grand nombre de ces syndicats se sont fédérés en Unions, et les plus avancés d'entre eux ont, depuis 1895 (congrès de Limoges), organisé une Union suprême, de caractère hautement combatif et révolutionnaire, la Confédération générale du travail. La dénomination de cette fameuse association de syndicats pourrait d'ailleurs être citée comme un exemple d'antiphrase, car si, jusqu'à présent, elle s'est préoccupée du travail, ce n'a guère été que pour l'empêcher.

Les syndicats, dans leur ensemble, ont réalisé une œuvre professionnelle intéressante, ne se bornant pas à prendre en main la défense des intérêts des ouvriers ou des patrons en présence les uns des autres, mais créant des cours, conférences, bibliothèques, expositions, concours, laboratoires — des bureaux de placement, des caisses de secours, retraites, assurances, mutualité, etc., etc. Mais beaucoup d'entre eux sont sortis de la sphère de leurs attributions légales, les uns, comme les syndicats agricoles, dont nous n'avons pas à nous occuper ici — pour faire du commerce, les autres (un grand nombre de syndicats ouvriers) pour faire de la politique et de la plus militante. Et si les Parquets ne sont intervenus que très modérément à l'encontre de la première forme d'empiètement, ils se sont abstenus à peu près entièrement en présence de la seconde. Il faut reconnaître, au reste, qu'il est difficile d'interdire toute action politique aux syndicats à une époque où la politique est faite surtout de questions économiques et où la démarcation entre les deux domaines est des plus fuyantes. Il fallait, au reste, beaucoup d'optimisme et médiocrement de connaissances historiques ou psychologiques pour supposer que les syndicats, devenus forts, respecteraient la barrière légale qu'on avait prétendu leur opposer ; d'autant plus que les socialistes avancés et les anarchistes ont toujours hautement affiché leurs intentions d'utiliser l'organisation syndicale des forces ouvrières pour former les cadres d'une armée révolutionnaire (1).

Un autre danger s'est révélé, d'ores et déjà, menaçant : la tendance des syndicats ouvriers 1° à *fermer le métier* à ceux qui n'ont pas fait acte d'adhésion syndicale ; 2° à *fermer le syndicat* lui-même, et à limiter le nombre des adhérents. Si ces deux tendances, puissantes surtout en Angleterre et aux Etats-Unis (V. l'ouvrage de M. Paul Boncour), viennent à prédominer, l'organisation nouvelle rappellera singulièrement, et peut-être avec aggravation, l'ancienne organisation corporative, dont le législateur français de 1884 n'avait nullement entendu se rapprocher. Différents projets actuels déposés au Parlement visent d'ailleurs déjà l'établissement du *syndicat obligatoire*, sinon du *syndicat fermé*.

La première forme de l'association ouvrière est donc aujourd'hui puissante ; le syndicat (ou la *trade-union*) se trouve de taille à lutter non seulement contre le patron isolé, mais contre les groupements patronaux. Aux Etats-Unis, les associations ouvrières n'ont pas

---

(1) V. *les déclarations* d'E. RECLUS en 1884.

3.

craint d'en venir aux mains avec les plus forts trusts ; en Angleterre et en Allemagne, elles se heurtent fréquemment aux plus vastes fédérations patronales ; en France, elles ont engagé la lutte
contre l'Etat lui-même et l'ont fait hésiter, sinon encore reculer
(grève des postiers, grève des cheminots).

III

La seconde forme du groupement ouvrier est pacifique en elle-
même, quoique parfois mise également au service de la révolution.
Des trois grands types de coopératives, l'un, la coopérative de crédit n'a pas atteint chez nous à un développement comparable à celui
obtenu en Allemagne ou en Italie ; de plus, il est d'intérêt rural ou
petit bourgeois plus que d'intérêt ouvrier (actuellement) ; nous le né-
gligeons en conséquence aujourd'hui.

La coopérative de production a eu, de tout temps, un attrait particulier pour l'ouvrier français, parce qu'elle semble aller plus directement, plus immédiatement au but, qu'elle a un caractère, en apparence au moins, plus actif et plus novateur. Et cependant — si l'on
ne considère que l'industrie, en éliminant l'agriculture — ses succès
définitifs sont peu brillants. En quatre-vingts ans de propagande et
d'essais souvent malheureux, elle n'a conquis qu'une bien faible
partie du champ de l'industrie. Son essor, qui commence après 1830
avec l'apostolat de Buchez, s'interrompt en 1850 ; il reprend de 1863
à 1870 pour être brisé à nouveau ; puis une troisième fois à partir de
1881, sans avoir été depuis enrayé notablement, mais sans non plus
s'accélérer sensiblement. Au 1er janvier 1910, on comptait en France
seulement 510 associations ouvrières de production, avec un chiffre
d'affaires total de 64 millions. Encore notre pays tenait-il la tête des
nations, distançant notablement l'Angleterre (133 associations il y
quelques années) et plus encore les autres pays.

Quant aux coopératives de consommation, dont le mécanisme
relativement très simple ne réclame de la part de ceux qui les gèrent
que des qualités assez banales d'ordre, de prudence et de probité,
elles ont prospéré beaucoup plus généralement et se sont multi-
pliées beaucoup plus aisément que les coopératives de production :
la direction de ces dernières est plus malaisée et la nécessité d'un
capital initial souvent plus inéluctable. Suscitées tout d'abord par
un évêque anglais (1794), les premières et modestes sociétés de consommation sont devenues les aïeules d'une nombreuse lignée (plus
de 1.500 sociétés avec 2 millions de membres et un chiffre d'affaires
d'un milliard et demi dans ces dernières années). La plupart d'entre
elles se sont fédérées et ont créé des magasins coopératifs de gros,
où elles vont s'approvisionner et dont certains (Manchester) représentent une puissance capitaliste énorme, avec leurs quinze mille
employés et leurs flottes de 8 ou 10 navires. En France, le nombre
de coopératives de consommation est encore plus grand qu'en Angleterre (2.800 au 1er janvier 1911), mais celui des adhérents est

bien plus faible (800.000 environ). La plupart des autres pays civilisés ont vu se réaliser chez eux un essor analogue. La Belgique, en particulier, offre un spectacle très intéressant au point de vue coopératif, avec ses nombreuses sociétés partagées en deux groupes, catholique et socialiste, et dont la plus connue est le *Vooruit* de Gand, inféodé au parti socialiste. Même des pays qui n'entrent que depuis peu dans le mouvement social des peuples d'Occident, comme la Hongrie et la Russie, sont le théâtre d'une propagande coopérative importante, tandis qu'aux Etats-Unis les résultats obtenus sont assez médiocres jusqu'ici.

Ce progrès de la coopération n'a en soi, ni au point de vue général, ni même au point de vue spécial des intérêts de la classe des industriels et des entrepreneurs, rien d'inquiétant. Deux choses sont seulement à redouter : 1º des faveurs excessives attribuées par l'Etat aux coopérateurs et venant rompre les conditions d'égalité de lutte entre eux et les petits et moyens patrons (1) ; et 2º la déviation de l'idée coopérative vers l'idée collectiviste, l'utilisation de la coopération comme moyen de constituer un trésor de guerre aux partis révolutionnaires. Mais la coopération en soi ne comporte forcément ni l'une ni l'autre de ces circonstances : elle peut léser des intérêts particuliers, mais de la même façon qu'ils peuvent l'être par la concurrence d'une entreprise ordinaire nouvelle. Tant qu'elle agit sur le terrain du droit commun, l'association coopérative est une entreprise comme les autres, dont les travailleurs associés sont les co-entrepreneurs, co-entrepreneurs même plus véritablement tels que les actionnaires de certaines entreprises (sleeping-partners.) Aussi, les économistes libéraux eux-mêmes voient-ils sans hostilité le développement de la coopération, dont ils attendent même des résultats bienfaisants, par l'accès qu'elle ouvre au capital, pour les membres les plus énergiques et les plus économes des classes ouvrières.

René GONNARD.

---

(1) On pourrait ajouter : la déformation de l'idée coopérative, comme dans le projet des coopératives municipales, élaboré par le ministère Caillaux. Comme vient de le proclamer M. Fernand David, « une épicerie, une boulangerie communales ne seraient pas, à proprement parler, des coopératives ».

BIBLIOGRAPHIE [1]

E. LEVASSEUR : Ouvrage cité précédemment.

P. PIC : Traité de législation industrielle.

R. GONNARD : Caractères généraux de la loi de 1884 sur les syndicats professionnels.

R. GONNARD : La réforme des syndicats professionnels (Questions pratiques de législation ouvrière, mars 1900).

Paul BONCOUR : Le fédéralisme économique.

G. GIDE : La coopération.

Bulletin de l'Office du Travail, octobre, novembre, décembre 1911.

---

(1) Cette bibliographie sommaire n'a d'autre but que d'indiquer des lectures à faire à ceux des auditeurs des conférences qui désireraient compléter ainsi les explications données.

CONFÉRENCES D'ÉCONOMIE POLITIQUE ET SOCIALE

faites à l'Hôtel des Ingenieurs

par M. René GONNARD, professeur à la Faculté de droit de Lyon.

Septième conférence : *10 février 1912.*

LES INSTITUTIONS PATRONALES

(RÉSUMÉ)

Théoriquement, le patron peut, plus aisément que l'ouvrier, se dispenser de recourir à l'association. Dans un régime d'individualisme égal absolu, sa situation vis-à-vis de ce dernier est une situation de supériorité en fait. Mais l'isolement lui devient préjudiciable en présence des puissantes organisations ouvrières modernes, et il a dû songer aussi au groupement.

Ce groupement patronal, au reste, s'est toujours plus ou moins réalisé, de manière au moins implicite, et, dès 1776, Adam Smith mettait en lumière l'existence de cette « ligue tacite, mais constante et uniforme » des maîtres « pour ne pas élever les salaires au-dessus du taux actuel ». Mais cette entente de fait ne pouvait suffire de nos jours ; le patronat y a ajouté des associations formelles, analogues aux associations ouvrières, et plus ou moins destinées à opposer leur force à celle de ces dernières.

. Ajoutons immédiatement que les organisations patronales ne se résument pas dans ces associations. Il en est beaucoup d'autres, collectives ou individuelles, qui s'inspirent, non pas d'une idée de défense (ou moins encore d'agression) de classe contre classe, mais d'une idée de philanthropie ou de pacification sociale, œuvres qu'on englobe sous le nom d'institutions de patronage. Il serait désirable de pouvoir les étudier séparément des premières ; seule, l'exiguité de notre cadre d'études nous force à les réunir dans un exposé unique, qui ne pourra guère comporter qu'une rapide énumération.

I

Organisations patronales ayant un but de défense collective des intérêts professionnels. — Les organisations patronales de défense sont souvent considérées comme à peu près inexistantes. Cette appréciation n'est exacte — et encore pas tout à fait — que si l'on considère uniquement la France, et si, de plus, on s'en tient aux organisations créées *spécialement* et *exclusivement* dans une intention de résistance aux prétentions ouvrières. Mais, comme le syndicat ouvrier, le syndicat patronal, s'il n'est pas *essentiellement* un organe de lutte, et bien qu'il soit adapté à diverses fins, n'en constitue pas moins, à l'occasion, un organe défensif. Or, le développement des syndicats patronaux a été tout à fait parallèle à celui des syndicats ouvriers (une centaine en 1884, près de 4.500 en 1909), et le nombre de leurs membres atteint 370.000 individus.

Ces syndicats ont rendu de nombreux services à la cause de la défense des intérêts généraux de la profession. M. Pic les énumère ainsi : 1° Attirer l'attention du législateur sur les réformes désirables ; 2° contribuer à réprimer les faits de concurrence déloyale ; 3° éclairer les tribunaux de commerce sur les points litigieux ou obscurs des usages commerciaux ; 4° organiser l'étude des débouchés nouveaux ; 5° réorganiser l'enseignement professionnel. Mais, en dehors de cette sphère d'action, et bien qu'ils ne soient pas, par essence, des instruments de la lutte des classes, les syndicats patronaux ont souvent pu être entraînés sur ce dernier terrain par l'attitude des syndicats ouvriers, ou (plus rarement, du moins en France) s'y porter d'eux-mêmes. Et, en somme, il n'y a pas plus à se scandaliser de voir le groupement patronal défendre les intérêts communs de ses membres même contre les ouvriers, que de voir ceux-ci se servir du syndicat pour essayer d'obtenir des avantages. L'important est que les moyens employés dans cette lutte restent les moyens légaux.

D'ailleurs, à côté des syndicats, et même en France, on relève l'existence d'institutions de défense patronale d'un caractère plus précis, telles que les *Caisses de grèves.* Les premières ont été fondées par l'Union des industries métallurgiques et minières, imitées ensuite par les patrons de quelques autres industries : celle par exemple des taxi-autos de Paris, dont la caisse de grèves doit être amplement appelée à fonctionner ces jours-ci.

Les organisations de résistance patronale se sont, en général, développées beaucoup plus à l'étranger. Le patron anglais, le patron allemand ou américain surtout, sont beaucoup plus déterminés à user de tout leur droit et à prendre énergiquement leurs avantages, que le patron français. Les industriels d'Allemagne ont créé de vastes fédérations, qui, nullement dirigées au début contre les ouvriers, ont pris ensuite une attitude de combat, et ont même passé, parfois, de la défensive à l'offensive. Certaines d'entre elles ont organisé l'assurance contre la grève sur une grande échelle. De même aux Etats-Unis, où certaines grandes associations patronales unissent leurs efforts à ceux des entrepreneurs « briseurs de grèves », et répondent à la violence par la violence, repoussant les arbitrages, et prétextant la mauvaise foi des Unions ouvrières.

II

Œuvres patronales de philanthropie ou de pacification sociale. — Dans l'impossibilité de les examiner en détail, vu leur nombre et leur diversité, nous devons nous borner à les classer, et à insister quelque peu sur les plus intéressantes, soit par leur importance, soit par leur actualité.

On peut distinguer parmi elles :

1° *Les institutions visant la satisfaction de besoins intellectuels ou moraux des ouvriers,* éducation, moralisation, récréation (garderies, crèches, salles d'asile, écoles, bibliothèques, cercles, sociétés de gymnastique, sociétés musicales, etc.).

2° *Les institutions ayant un caractère mixte, matériel et moral à la fois,* telles les institutions de prévoyance, avec leur double tendance protectrice et éducatrice (caisses patronales de secours, d'assurance, de retraites, etc.). Bien avant que la loi intervienne ici, le patronat, dans les industries minières et métallurgiques en particulier, avait multiplié les créations de ce genre.

3° *Les institutions visant la satisfaction des besoins purement matériels et immédiats* des travailleurs.

Parmi elles, l'une des plus importantes est celle des *économats,* supprimée presque complètement par la loi du 25 mars 1910, dont on peut dire que les dispositions prohibitives ont un caractère excessif. Il est certain qu'à l'étranger (Angleterre, Allemagne, Etats-Unis) le développement des économats avait donné lieu à des pratiques de *truck-system* répréhensibles. Mais en France, ainsi qu'il l'a été généralement reconnu, ces abus avaient eu un caractère beaucoup plus rare et moins grave, malgré les affirmations d'un auteur socialiste, que parfois « l'usine ne sert que de prétexte à l'économat ». D'autre part, dans certaines régions, celles notamment où de puissantes usines se créent en pleine campagne, et recrutent leur personnel dans une population d'immigrés, dénués, plus ou moins nomades et sans attache avec le pays (Meurthe-et-Moselle, par exemple), la création d'un économat répondait presque à une nécessité ; tandis que la création d'une coopérative de consommation s'y heurte souvent à de graves difficultés. Il se peut que le législateur soit allé trop loin, et que, dans ces régions, les petits débitants, placés dans de fructueuses conditions pour abuser vis-à-vis d'ouvriers étrangers, pauvres, ignorants et sans crédit, fassent regretter les économats patronaux, comme ils ont fait regretter, naguère, les boucheries militaires, établies par les corps de troupes, et supprimées à leur instigation (1).

Le patronat s'est aussi souvent préoccupé de la construction d'habitations ouvrières, tantôt en édifiant celles-ci pour en faciliter ensuite l'acquisition à l'ouvrier par un système d'amortissement à long terme ; tantôt en mettant à la disposition du travailleur, et à titre d'avance remboursable par retenues, la somme nécessaire à la construction. Mais dans une large mesure, les œuvres patronales de ce genre se trouvent aujourd'hui concurrencées par celles issues de l'initiative philanthropique de capitalistes non patrons, ou de l'initiative municipale, ou encore de celle des ouvriers eux-mêmes ; toutes tentatives favorisées par l'action des lois du 30 novembre 1894 et du 12 avril 1906.

III

Il est une institution patronale qui mérite une place à part, à cause des immenses espérances qu'on a, au début, fondées sur elle, et qui tendent à renaître en ces derniers temps, après une assez longue période de discrédit : c'est *la participation aux bénéfices.*

Lorsqu'elle apparut en France, vers 1840, elle suscita un grand enthousiasme. Les économistes d'alors, comme Michel Chevalier, annoncèrent bientôt que, grâce à elle, « la lutte sociale disparaîtrait comme par enchantement », et qu'elle transformerait à la fois le caractère de l'industrie et celui des travailleurs. Elle devait constituer pour les patrons qui l'accepteraient plus encore une bonne affaire qu'une bonne action...

Les résultats furent décevants. En 1900, Ch. Gide recensait péniblement 250 maisons pratiquant la participation aux bénéfices *dans le monde entier.* La France, il est vrai, tenait la tête, mais avec un chiffre, dérisoire en lui-même, de 88 maisons. Encore était-il en décroissance sur 1889.

On a expliqué cet échec de différentes manières (manque d'équilibre dans l'institution ; nécessité, inacceptable pour le patron, de

---

(1) Voyez les curieux faits rapportés par M. Seilhac et relatifs aux grèves du bassin de Longwy : la grève déclarée, sur les instigations de petits détaillants avec un programme de suppression des économats, et tournant court, lorsque les patrons proposèrent de les transformer en coopératives ouvrières, celles-ci étant tout autant redoutées par les débitants (*Revue politique et parlementaire*, 10 juin 1907).

soumettre ses comptes au contrôle du personnel ; inefficacité au point de vue de la stimulation du zèle du travailleur ; impuissance comme moyen de pacification sociale, attestée par les grèves éclatant dans les maisons à participation ; difficulté de trouver un mode satisfaisant de répartition, etc.).

Dans ces derniers temps, un certain retour de faveur semble s'être produit, au moins dans la doctrine et dans les milieux politiques. Des propositions de loi, actuellement en instance, visent l'organisation de la participation aux bénéfices, avec un caractère obligatoire, limité, il est vrai, à certaines catégories d'entreprises. On essaie de galvaniser législativement et par voie d'autorité, cette institution que l'autorité essaya d'étouffer à ses débuts. (V. la curieuse anecdote de Leclaire demandant au préfet de police, sous Louis-Philippe, pour organiser la participation, une autorisation dont il n'avait, d'ailleurs, pas besoin.) Le mouvement favorable à la participation s'est aussi développé dans le milieu des syndicats indépendants ou *jaunes*, pour qui elle peut devenir un moyen de réaliser graduellement la *participation au capital* lui-même. Il s'agirait pour cela d'employer la part de bénéfices allouée aux ouvriers en commandite de l'usine ou en achat d'actions ouvrières ; cette accession des ouvriers à *l'actionnariat, par l'intermédiaire de la participation aux bénéfices*, ne devant pas être confondue avec certains autres systèmes relatifs à l'actionnariat ouvrier ; — celui par exemple que M. Godart a concrété dans un projet de loi, que les interventionnistes les plus autorisés ont eux-mêmes déclaré plus que hardi (1).

Les deux plus grandes difficultés que rencontre devant elle l'expansion de la participation aux bénéfices sont peut-être surtout psychologiques : 1° La médiocre sympathie que l'ouvrier, désireux avant tout d'avoir *un fixe*, professe, pour un mode de rémunération procurant un supplément de revenu variable, surtout, si au lieu de lui être directement versé, ce supplément est appliqué à des œuvres ou même à *des acquisitions de parts de commandite ou d'actions ;* 2° la résistance des patrons à qui l'on demande un sacrifice, surtout si la participation aux bénéfices doit préparer la copropriété ouvrière et finalement l'éviction patronale. Pour s'habituer à de telles perspectives, il faut aux patrons une philosophie peu commune, — une dose d'héroïsme bourgeois qu'on ne peut guère prétendre réclamer d'eux dans la pratique journalière de la vie économique...

René GONNARD.

---

(1) Il faut bien distinguer ici trois choses : 1° la participation aux bénéfices seule ; 2° la participation aux bénéfices servant à réalier l'actionnariat ouvrier ; 3° l'actionnariat ouvrier réalisé indépendamment d'une participation aux bénéfices. Nous n'envisageons ici que les deux premières institutions.

BIBLIOGRAPHIE [1]

P. Pic : Ouvrage cité précédemment.

Willonghby : L'organisation patronale aux Etats-Unis (Musée social, 1905).

Sayons : Le droit de grève (livre collectif).

Tronel : Essai sur l'organisation de la défense patronale.

Souchon : La participation aux bénéfices (Réforme sociale, novembre 1907).

Bulletin de la Fédération des industriels et commerçants français.

---

(1) Cette bibliographie sommaire n'a d'autre but que d'indiquer des lectures à faire à ceux des auditeurs des conférences qui désireraient compléter ainsi les explications données.

Sté de l'Imp. Théolier, — J. Thomas et Cie, Saint-Étienne

CONFÉRENCES D'ÉCONOMIE POLITIQUE ET SOCIALE

faites à l'Hôtel des Ingénieurs

par M. René GONNARD, professeur à la Faculté de droit de Lyon

Dixième conférence : *17 février 1912.*

GRÈVES ET LOCK-OUT

(RÉSUMÉ)

En présence des développements de l'association dans les milieux patronaux et ouvriers, certains auteurs ont souvent formulé l'espoir d'une pacification ; celle-ci devant résulter du respect même que ressentiraient les adversaires d'aujourd'hui, vis-à-vis de la puissance des organisations opposées. « Lorsque les deux patries industrielles, les patrons et les ouvriers, ont chacune des armées bien équipées, c'est-à-dire des encaisses solides et des membres dévoués, il est facile d'instaurer le régime de la paix armée, où chacun respecte son adversaire parce qu'il sait qu'il est puissant et à même de se faire respecter. Des alliances solides peuvent se conclure. Alors la guerre est plus rare...

« C'est là que paraît nous conduire l'évolution industrielle, c'est là qu'on en est dans plusieurs industries, en Angleterre et au Danemark, et dans quelques rares industries du continent. »

L'auteur de ces lignes (1) les rédigeait il y a dix ans. Les événe-

---

(1) VARLEZ : *Quelques pages d'histoire syndicale belge*, Musée social, 1902.

ments qui se sont produits depuis ont-ils justifié ses vues? Ce n'est guère l'impression ressentie généralement ; et, malgré certaines oscillations très récentes de la statistique des grèves, ce n'est peut-être même guère celle qu'il convient, tout bien examiné, de conserver. Peut-être, il est vrai, l'organisation, de part et d'autre, est-elle encore trop incomplète pour donner tous ses résultats ; peut-être aussi le désir d'essayer sa force prend-il trop souvent, dans chaque camp, la prépondérance sur le sentiment de crainte que peut faire naître la force de l'adversaire. Quoi qu'en soit, les ruptures sont fréquentes et violentes et les industries anglaises, elles-mêmes, ont souvent démérité du brevet de modération et de sagesse qu'on leur décerne volontiers.

Il est singulier qu'en présence d'un fait qui s'impose autant que celui de la fréquence des grèves et des *lock-out*, l'accord soit encore loin de s'être fait, soit en ce qui concerne le caractère juridique de ces phénomènes, soit en ce qui concerne même leurs conséquences économiques. Nous allons successivement examiner ces deux points, parlant surtout de la grève, parce que c'est le cas le plus fréquent, mais n'oubliant pas que « le *lock-out* est en somme la contre-partie de la grève et puise sa justification dans des considérations identiques » (1). Les conclusions auxquelles on arrive pour celle-ci peuvent en *général* être transportées, *mutatis mutandis*, à celui-là. ¹

I

Y a-t-il un droit de grève ?

Le seul fait de poser la question stupéfierait beaucoup de personnes, et plus encore l'idée qu'on y puisse répondre négativement. Surtout si l'on ajoute que, cette question, on la pose non pas en philosophie juridique — mais bien en législation positive — plus spécialement encore, en *législation positive française*.

La grève est un fait quotidien. Les grévistes paraissent jouir d'une sorte d'immunité pour des actes qui, en droit commun, seraient sévèrement poursuivis et réprimés. Le droit de grève, aux yeux du gros public, non seulement existe, mais comporte une extension presque illimitée. D'autre part, les moins instruits eux-mêmes invoqueront le souvenir de la loi de 1864, et affirmeront qu'elle a institué le droit de grève.

Et cependant, dans ces dernières années, la question a été plus que jamais discutée. Des autorités considérables se sont prononcées *contre* l'existence, dans notre droit positif, d'un *droit de grève*. C'est par exemple M. Levasseur : « Y a-t-il un droit de grève ? Question

---

(1) Pic : *Traité de législation industrielle*, 4° édition, p. 139.

d'école qui n'a pas grande importance (1). A notre avis, *il n'y a ni droit de coalition, ni droit de grève ;* un tel droit n'est inscrit dans aucune loi. » C'est M. Villey : « Il n'y a pas de droit de grève institué par la loi. » C'est M. Souchon : « Le mot grève n'est pas prononcé dans les codes civil et pénal. Il n'y apparaît que de façon négative parce que la loi de 1864 a supprimé le délit de coalition. » C'est M. Hubert-Vaileroux qui affirme : « Le mot de grève ne se trouve pas dans nos lois. » (2). C'est M. de Mun : « Qu'est-ce que le droit de grève ? Les légistes assurent que cela n'existe pas... Il me paraît bien que les légistes ont raison. Le droit de grève n'est écrit, nulle part, dans la loi. » (3). Tout récemment, M. Bouloc a publié, pour soutenir la même thèse, un livre fort intéressant.

Qu'est-ce à dire ? Assurément, ni M. Levasseur, ni aucun des économistes et des juristes que je viens de citer n'entendent avancer que la grève constitue un *acte illicite*. Mais ils maintiennent qu'elle ne constitue pas un droit spécial, ayant des conséquences juridiques, propres et déterminées. Pour bien comprendre la situation, il faut se reporter à la période antérieure à la loi de 1864. Alors, la coalition était interdite, c'est-à-dire toute entente concertée entre patrons ou entre ouvriers en vue, soit d'une fermeture collective des ateliers, soit d'une cessation collective du travail. Le Code pénal punissait la coalition comme un délit. Depuis que la loi du 25 mai 1864 a supprimé les dispositions du code visant ce délit, la grève est un acte licite. L'ouvrier peut quitter le travail collectivement, comme il pouvait et comme il peut le quitter isolément ; il est libre de se concerter pour le faire. Mais son action rentre d'ailleurs dans le droit commun. Acte permis, la grève ne constitue pas pour cela un droit spécial, générateur de conséquences juridiques sortant de ce droit commun. La suppression des articles de loi visant le délit de coalition n'entraîne en rien, pour les grévistes, le droit de méconnaître les autres prescriptions légales, en particulier celles concernant le délai-congé, le délai de préavis. Et s'ils le font, ils *rompent* le contrat de travail.

La réalité juridique, ainsi comprise, serait fort différente de l'idée qu'on s'en fait dans l'opinion courante. Si l'on consulte celle-ci « on se trouve en présence, dit M. Souchon, d'une conception dans laquelle le droit de grève est quelque chose d'indéterminé, d'illimité, devant lequel tout s'incline, même la loi ». Mais ce n'est qu'un préjugé. Dans la vérité légale, la grève n'a pas cette puissance d'absolution qu'on lui attribue. *Au contraire :* « Pour la législation pénale, tous les attentats à la personne, aux choses, sont condamna-

---

(1) Nous verrons que, sur ce point, M. LEVASSEUR, se démen; plus loin et donne, au contraire, à la question une très grande importance pratique.

(2) *Econ. franç.*, 19 novembre 1910.

(3) *Echo de Paris*, 8 novembre 1910.

bles. Il n'y a pas d'*immunité de grève*. Par contre, il y a les articles
414 et 415 C. P. et ce qui est la vérité juridique, c'est, *pour la grève,
une sévérité spéciale*. Nous voilà loin de l'opinion du vulgaire. »

Il y a donc, si l'on veut, *un droit de la grève*, c'est-à-dire des textes
de loi s'appliquant spécialement à la grève, — encore que la loi
emploie toujours le mot *coalition*, ou des termes autres que le
mot : grève — mais ces textes ne constituent pas des dérogations au
droit commun en faveur de la grève. Au contraire, ils n'intervien-
nent que pour en faire une sorte de circonstance aggravante. Quant
au *droit de grève* à proprement parler, il n'existe pas. Il y a un acte
licite, et voilà tout.

La distinction est importante. Et il est curieux que cette importance soit soulignée par M. Levasseur qui, d'autre part, nous
l'avons vu, traite la question de « question d'école ». « Il y a, dit-il,
suivant moi, un grave inconvénient à parler du droit de grève. Il
semble qu'on autorise par là des actes que le droit commun réprouve
et punit. » On répand l'impression que la grève couvre et justifie tout,
alors qu'elle ne couvre même pas le fait de quitter le travail sans
observer le délai-congé. Sans doute, il arrive constamment que les
ouvriers déclarent la grève inopinément et ne sont pas inquiétés
pour cela, alors que les patrons l'ont été souvent en circonstance
analogue (pour renvoi d'ouvriers sans observer le congé). Mais ceci,
c'est le fait, non le droit. En vain objectera-t-on que la grève sou-
daine a de beaucoup plus grandes chances de succès. Cet argument
ne vaut pas plus que ne vaut, en droit international, l'argument
invoqué par les Allemands pour justifier le bombardement des
villes ouvertes en 1870 et autres procédés destinés à venir à bout de
la résistance de l'adversaire. Si un moyen de lutte devait se justifier
par sa seule efficacité, autant vaudrait renoncer tout de suite à
toute tentative de réglementer les conflits, soit sociaux, soit interna-
tionaux. Aussi, la jurisprudence, considérant la grève comme une
rupture du contrat de travail, admet-elle que les grévistes (et les
syndicats qui ont organisé la grève) peuvent être condamnés à des
dommages-intérêts au profit du patron lésé.

Cette attitude de la jurisprudence n'est, d'ailleurs, pas universel-
lement approuvée par les auteurs. Parmi les théoriciens de la législation ouvrière, beaucoup, contrairement à l'opinion exposée précédemment, voient dans la grève un *droit spécial*, reconnu implicite-
ment par loi, et entraînant des conséquences propres. L'une de
celles-ci serait que la grève constitue non une *rupture*, mais une
simple *suspension* du contrat de travail ; dès lors, plus de délai à
observer. Un civiliste éminent, M. Planiol, considère même que la
grève doit être interprétée comme un refus temporaire d'exécution
des obligations contractées, comparable à l'exercice du droit de
rétention par le vendeur. Mais l'assimilation paraît bien hasardée,
puisque, si le vendeur a le droit de rétention, c'est contre l'acheteur
qui *n'exécute pas lui-même ses obligations* ; or, dans notre hypothèse, le patron remplit les siennes et ne demande qu'à continuer de
les remplir. Pour que l'assimilation soit exacte, il faut supposer une

grève uniquement défensive, et ayant pour but de résister à une violation du contrat par le patron.

Tout récemment, une nouvelle thèse a été présentée au sujet de la grève par M. Ambroise Colin, d'après lequel la grève ne serait, ni une rupture, ni une suspension du contrat, ces deux actes ayant un caractère individuel, et la grève étant un fait essentiellement collectif, une cause d'interruption analogue, en quelque sorte, à la guerre ou à un cas de force majeure : cette doctrine conduit d'ailleurs aux mêmes résultats pratiques que la précédente (1).

Il faut remarquer que la conception de la grève, simple acte licite, n'engendrant aucun droit spécial supplémentaire, domine dans les législations allemande et autrichienne (2). Les articles 82 de la loi autrichienne et 123 de la loi allemande considèrent la grève comme une rupture de contrat, et les travailleurs de l'industrie peuvent être renvoyés sur l'heure s'ils quittent inopinément le travail. La faculté de faire grève est envisagée comme dérivant uniquement du droit pour chacun, dans une collection d'individus, de faire ce qu'il pouvait faire isolément, mais rien de plus.

Chez nous, en présence des oppositions de doctrine qui se font jour, il est désirable que le législateur précise ce qu'on doit entendre par droit de grève, et dise qu'elles sont les conséquences de ce droit.

II

Que le *droit de grève* existe ou non, la grève, elle, existe indiscutablement. Le tort du législateur de 1864 a peut-être été de faire œuvre uniquement négative. Mais, comme l'écrit M. de Mun, « ce qui n'est que trop affirmatif, ce sont les faits, ce sont les mœurs. Il n'y a pas de droit de grève, c'est entendu, mais il y a la grève ».

Le nombre des grèves est énorme. En 1909, pour la France, 1.025 grèves dans l'industrie seule (sans parler des grèves agricoles) atteignant 5.672 établissements, s'étendant à 167.500 grévistes et entraînant 3.559.000 journées de chômage ; 612 ont duré une semaine ou

---

(1) Elle cadre assez bien avec tout un ensemble d'idées actuellement en honneur, et s'inspire de cette métaphysique *démologique*, qui tend à établir une scission complète entre le fait collectif et le fait individuel, à attribuer au premier des caractères et une valeur tout à fait à part, et à lui conférer en quelque sorte l'amoralité et la fatalité des événements physiques. Je ne sais si cette philosophie (qui oublie trop que le collectif est fait avec de l'individuel) fera longtemps montre d'une solidité à toute épreuve.

(2) COMBES DE LESTRADE ; *Les lois sur l'industrie en Autriche et en Allemagne*, Musée social, novembre 1911. — En Autriche, d'ailleurs, les ententes en vue de cesser le travail sont prohibées dans la petite industrie. De même en Hongrie, pour les ouvriers agricoles. (Voy. R. GONNARD, *La Hongrie au XXᵉ siècle*, p. 232 et suiv.).

moins ; 19 ont duré plus de cent jours ; 779 n'ont atteint qu'un établissement ; 3 en ont atteint plus de 100 (1).

En 1910, l'Allemagne a eu 2.113 grèves avec 156.680 grévistes seulement, appartenant à 8.276 établissements. On y a constaté une forte proportion de longues grèves (73 de plus de cent jours). Il faut y ajouter un chiffre énorme de 1.115 *lock-out*, affectant plus de 10.800 maisons et 214.000 ouvriers. L'importance des *lock-out* a donc dépassé celle des grèves : preuve de l'esprit de combativité — peut-être excessif — des patrons allemands. On peut se demander si les progrès récemment affirmés de la *Sozialdemocratie* en Allemagne ne sont pas, en partie, le résultat de cette exaspération de la lutte de classes.

En Angleterre, le *nombre des grèves est faible* (531 en 1910) ; mais *celui des grévistes est énorme :* 515.000, ainsi que celui des journées perdues, 9.545.000 ; totaux dépassant ceux de la France et de l'Allemagne additionnés. La seule industrie des mines et carrières a compté, en 1910, dans ce pays, 300.000 grévistes.

Les grèves diminuent-elles en nombre et en importance ?

En France, on a signalé une diminution de nombre de 1906 à 1909. Mais, outre que 1906 a été, partout, une année *exceptionnellement mauvaise*, la diminution du nombre des grévistes et *des journées chômées* surtout n'a pas suivi la même marche (2). De plus, une recrudescence s'est affirmée en 1910, année marquée, entre autres, par la grève des cheminots. Ajoutons enfin que les *lock-out*, jadis rares, commencent à se multiplier. On ne peut donc formuler aucune conclusion optimiste. En Allemagne, phénomènes analogues : diminution du nombre des grèves de 1906 à 1910, ainsi que du nombre des grévistes et des journées chômées ; mais relèvement en 1910 sur 1908 et 1909 ; et surtout accroissement énorme du chiffre des *lock-out* : 200 à 300 par an jusqu'en 1908 ; 115 en 1909 ; 1.115 en 1910. Enfin, en Angleterre, le nombre des grèves oscille d'une année à l'autre entre 400 et 600, avec un chiffre dépassant la moyenne en 1910, et surtout une colossale augmentation du nombre des grévistes et des journées perdues. Là aussi, on parle plus fréquemment de *lock-out*. En tout cas, il est illusoire de présenter l'Angleterre comme le pays où une forte organisation des partis en présence aurait abouti à restreindre le rôle de la grève. Les grèves sont relativement rares ; mais les grévistes sont légion.

Parmi les causes de grève, les questions de salaires figurent au premier rang (en France, en 1909, 61 % des grèves). Les autres causes

---

(1) Les industries les plus atteintes ont été celles du bâtiment (310 grèves et 42.000 grévistes), des textiles (198 grèves, 31.000 grévistes), des transports (121 grèves, 40.000 grévistes) et de la métallurgie (80 grèves, 8.200 grévistes).

(2) Ce dernier chiffre a été plus fort en 1909 qu'en 1908 et 1907. Celui des grévistes, réduit en 1908, s'est fortement relevé en 1909.

doivent principalement être cherchées dans le désir d'obtenir une réduction de la journée, la réintégration d'ouvriers remerciés ou le renvoi d'un chef ou d'un camarade qui déplaît, dans une question de règlement d'atelier, d'amendes, d'horaire, de limitation du nombre des apprentis ou d'exclusion des femmes. Ajoutez les grèves politiques et les nombreuses grèves dites *de solidarité* ou de *sympathie*, dont certaines semblent comme une répétition partielle de la grève générale (essayée déjà deux fois en Suède, 1902 et 1909).

Au point de vue économique, on s'accorde à regretter la diminution de production qui résulte des grèves et des *lock-out* et le danger qu'ils font courir à l'industrie nationale pour la conservation de ses débouchés. Au point de vue social, ces hostilités laissent après elles des rancunes dont peuvent seuls se réjouir les partis qui croient à la « fécondité de la haine » (1) et à la vertu purificatrice de la violence (2).

La question la plus controversée, touchant les effets de la grève, est celle qui a trait à son *efficacité* au point de vue des intérêts ouvriers. Malgré les objections de certains économistes libéraux et aussi de certains socialistes (Proudhon), cette efficacité ne peut être niée. En France, en 1909, on a compté sur 100 grèves, 16 réussites, 26 échecs, 57 transactions ; c'est dire que trois fois sur quatre, les ouvriers ont obtenu au moins en partie ce qu'ils désiraient ; et il faut ajouter : 1° les *avantages* concédés souvent peu après la terminaison d'une grève qui, en apparence, a échoué ; 2° l'effet *préventif* des grèves qui n'ont pas éclaté (3). Les échecs complets sont encore moins nombreux en Angleterre ; ils le sont, au contraire, beaucoup plus en Allemagne (environ 48 % contre 18 réussites et 33 transactions), tandis que les *lock-out* y réussissent dans une proportion de 47 % et que 9 % seulement y échouent.

Il est remarquable, quoique d'ailleurs facile à expliquer, que les grèves offensives réussissent plus souvent que les grèves défensives. Même dans la guerre sociale, l'avantage est à l'assaillant.

René GONNARD.

---

(1) Jaurès.

(2) G. Sorel.

(3) Toute balance faite des salaires perdus et des gains obtenus par suite des grèves de 1909, les ouvriers, après 300 jours de travail, se trouvaient bénéficier d'un supplément de salaires de 600,000 francs environ.

BIBLIOGRAPHIE [1]

P. PIC : ouvrage cité précédemment.

L. DE SEILHAC : Les grèves.

GIDE et autres : Le droit de grève (livre collectif).

BOULOC : Le droit de grève.

LEVASSEUR : Y a-t-il un droit de grève ? (*Académie des sciences morales*, 1908).

Société d'Economie politique de Paris (1909) : Discussion sur le droit de grève.

ERRATA

Dans le dernier *résumé*, lire :

P. 1, l. 3, au lieu de *individualisme égal*, *individualisme légal*.
P. 6, l. 2, au lieu de WILLONGHBY, WILLOUGHBY.
P. 6, l. 4, au lieu de SAYONS, SAYOUS.

---

(1) Cette bibliographie sommaire n'a d'autre but que d'indiquer des lectures à faire à ceux des auditeurs des conférences qui désireraient compléter ainsi les explications données.

CONFÉRENCES D'ÉCONOMIE POLITIQUE ET SOCIALE

faites à l'Hôtel des Ingénieurs

par M. René GONNARD, professeur à la Faculté de droit de Lyon

— ·\·\·\·\·✳·\·\·\·\·\ —

Neuvième conférence : *2 mars 1912.*

CONCILIATION, ARBITRAGE & CONTRAT COLLECTIF

(RÉSUMÉ)

—◇◇◇—

Les indications, sommairement résumées dans la précédente conférence, suffisent à accuser l'ampleur et la fréquence des conflits collectifs dans l'industrie (1), et, quels que soient les avantages que l'une des parties en lutte puisse tirer de sa victoire, il y a toujours une victime, la Production nationale — et, par suite le public. Pour cette raison — pour cette autre aussi que les lock-out et les grèves entretiennent et attisent les haines sociales, il est hautement désirable qu'on s'efforce de limiter leur extension et de modérer leur violence.

Ce désir, très généralement ressenti, a suscité diverses initiatives. Les intéressés, les patrons notamment, ont créé çà et là des organismes divers, destinés à apaiser les conflits ou à en prévenir le retour. L'État est intervenu aussi, s'efforçant, tantôt de favoriser ces initiatives, tantôt d'imposer l'obligation de certaines obser-

---

(1) Depuis la dernière quinzaine, la gigantesque grève des mines anglaises vient d'éclater. Au 1er mars, un million d'ouvriers mineurs, dans tout le Royaume-Uni, avaient cessé le travail.

vances, d'*organiser la grève*, c'est-à-dire d en faire une procédure régulière, soumise à un ensemble de règles,,se déroulant suivant des formes particulières, et prenant plus ou moins la forme d'une contestation juridique.

Parmi les résultats de ce vaste mouvement, nous retiendrons deux groupes d'institutions que nous examinerons successivement : 1° Les organisations destinées à réaliser la conciliation et l'arbitrage ; 2° le contrat collectif de travail.

I

En présence d'un conflit qui se déclare, les parties peuvent évidemment avoir recours à un tiers ou à un groupe de tiers, à qui elles demandent de jouer un rôle de médiateur. Elles peuvent, allant plus loin, s'engager à accepter la décision à intervenir, et transformer le médiateur bénévole en arbitre. Mais il semble qu'il y aurait avantage à ce que, au lieu d'avoir à créer chaque fois l'organisme nécessaire, on pût compter sur le fonctionnement d'un rouage permanent, destiné à préparer la conciliation ou à rendre une décision arbitrale.

Ce rouage a été créé par l'initiative de certains patrons, dont le plus connu, mais non le premier, a été l'Anglais Mundella, lequel, en 1860, organisa un conseil de conciliation, constitué pour moitié par des patrons et des ouvriers ; un autre industriel, Kettle, organisa à son tour des conseils d'arbitrage, présidés par un tiers désintéressé, et dont les parties devaient s'engager à respecter les décisions. Ces deux institutions se sont développées en Angleterre dans un grand nombre d'industries. On leur a attribué parfois le maintien, pendant un temps appréciable, des relations pacifiques entre ouvriers et patrons. Il y a quelques années, en 1905, M. B. Raynaud consacrait même à la description des avantages ainsi obtenus, son livre : *Une industrie sans grèves*. Malheureusement le sous-titre de l'ouvrage : *Les mines anglaises*, vient aujourd'hui souligner le titre d'assez ironique manière (1).

L'Etat est intervenu en Angleterre (loi du 7 avril 1896) pour sanctionner, en quelque sorte, l'institution des conseils de conciliation et d'arbitrage et leur accorder l'investiture officielle. Ces derniers jours même, on annonçait que le gouvernement britannique, quelque peu affolé en présence des événements qui se déroulent, songeait à faire voter une loi consacrant l'arbitrage obligatoire. Reste à savoir ce que cette loi produirait au cas où l'arbitre ne donnerait pas pleine et entière satisfaction aux ouvriers.

D'Angleterre, le mouvement en faveur de la conciliation et de l'arbitrage a gagné les Etats-Unis, tandis que d'autres pays adap-

---

(1) Et non seulement aujourd'hui, mais antérieurement déjà, depuis 1905, les mines anglaises ont été le théâtre de grèves importantes.

taient plus ou moins heureusement à la solution des conflits collectifs des organismes créés antérieurement en vue de trancher les conflits individuels (Allemagne, Italie). D'une façon générale, la conciliation et l'arbitrage n'ont presque partout qu'un caractère facultatif. Et cela, non seulement en ce sens que le recours à l'arbitrage n'est pas obligatoire, mais que, de plus, la sentence elle-même ne l'est pas, alors même que les parties ont accepté de confier leurs contestations à un arbitre. Du moins, la sanction reste-t-elle purement morale.

Il en est ainsi, en réalité, en France (loi du 27 déc. 1892). Les conflits collectifs peuvent être portés devant un comité de conciliation, puis un conseil d'arbitrage. Mais la décision de l'arbitre n'est sanctionnée légalement que par l'affichage et l'appel à l'opinion publique. C'est quelque chose, mais c'est peu. Et pour que cette décision arbitrale revête un caractère juridiquement obligatoire, il faut l'adhésion des parties, adhésion non plus seulement au principe de l'arbitrage, mais à la sentence même, qui se trouve ainsi, et par cette adhésion, transformée en une sorte de contrat collectif.

Au fond, le mot arbitrage dont on fait grand étalage en cette matière, fait quelque peu illusion. L'idée d'arbitrage, au sens exact du mot, implique celle d'obligation d'exécuter la sentence, et l'on dirait que le législateur moderne, en décorant du mot des institutions débiles et peu efficaces, a peur de la chose.

Quelques législations plus hardies ont cependant consacré le principe de l'arbitrage obligatoire — et doublement obligatoire : en ce sens d'abord que tous les conflits qui n'ont pu être terminés amiablement doivent lui être soumis — et ensuite que la sentence rendue est obligatoirement exécutable, et sous des sanctions légales sévères, notamment des amendes très élevées. Mais cette conception juridique n'a guère jusqu'ici été réalisée qu'aux antipodes, dans ce milieu très isolé, et constituant un peu un *vase clos* que sont les colonies anglaises d'Australasie.

Les résultats obtenus par les conseils de conciliation et d'arbitrage sont minces. En France, le recours à eux ne se produit que dans moins d'un quart des grèves (15 % environ en 1909). Et ce recours n'aboutit que bien plus rarement encore. En 1908, la loi de 1892 n'a permis de « résoudre les conflits que dans la proportion de moins de 5 0/0 par la conciliation et de moins de 3 0/00 par l'arbitrage » (1). Dans la plupart des pays étrangers, les résultats sont semblables ou pires. En Angleterre, les conseils de conciliation et d'arbitrage ne résolvent que 12 à 15 conflits par an, sur une moyenne de 500 grèves. De même aux Etats-Unis, en Belgique, en Allemagne ; et, ce qui est plus remarquable, dans les pays mêmes qui ont l'arbitrage obligatoire, la grève n'a pas disparu, et les ouvriers n'hésitent pas, en violant les sentences arbitrales, à s'exposer aux rigueurs des sanctions de la loi.

(1) GIDE : *Cours d'économie politique,* 1911, p. 687.

Ces échecs n'ont pas découragé les interventionnistes, et en France notamment, ils demandent des mesures légales plus hardies. On a fait en particulier beaucoup de bruit autour du projet Millerand, de 1900, instituant ce que M. Beauregard a appelé spirituellement — et exactement — *l'arbitrage facultativement obligatoire* (1). D'après ce projet, en effet, les patrons occupant plus de 50 ouvriers *devraient* déclarer si, oui ou non, ils entendent désormais se soumettre à l'arbitrage. Mais le principe, une fois accepté par eux, l'arbitrage deviendrait obligatoire, — obligatoire aussi (pour six mois: la décision, *obligatoire* même pour tous les ouvriers, *la grève* déclarée par la majorité d'entre eux en vue de contraindre le patron récalcitrant à désigner ses arbitres. Ce projet a, du reste, été mal reçu, aussi bien du côté des économistes libéraux, qui y trouvent beaucoup trop d'*obligation*, que des socialistes, qui l'interprètent comme devant émousser l'arme de la grève.

II

Doit-on espérer davantage du contrat collectif ?

Qu'est-il exactement, d'abord ?

En un certain sens, une chose nullement nouvelle, puisque le Code civil (art. 1101) définit le contrat en général : une convention par laquelle une ou *plusieurs* personnes s'engagent vis-à-vis d'une ou *plusieurs* autres... ». Même appliquée aux rapports de patron à ouvrier, la notion de contrat collectif peut paraître ancienne, puisque depuis bien longtemps on utilise dans l'industrie le *contrat d'équipe*, qui est passé entre un patron et un groupe d'ouvriers, celui-là embauchant ceux-ci pour un travail et un salaire déterminé.

Mais, en réalité, ce n'est pas de cela qu'il s'agit quand on parle du *contrat collectif de travail*, et M. Pirou a très bien établi la distinction des deux points de vue en réservant au contrat d'équipe le nom de *contrat de travail collectif*. Ce n'est pas du contrat de travail collectif, mais du contrat collectif de travail, que nous avons à nous occuper, et celui-ci est chose assez nouvelle ; c'est un accord conclu entre patrons et ouvriers *pris collectivement*, portant sur la détermination · des conditions du travail, et supposant, en général, l'intervention d'un ou de plusieurs syndicats, représentant les parties en présence (2). Ici, personne ne s'engage ni à travailler, ni à donner du travail : les signataires du contrat engagent seulement ceux pour qui ils contractent — au cas où ils travailleraient ou donneraient à travailler — à respecter les conditions de travail énoncées dans le contrat collectif, et cela, soit dans leurs rapports entre eux, soit même, suivant certaines distinctions, dans leurs rapports avec d'autres personnes.

(1) BEAUREGARD : L'arbitrage facultativement obligatoire, *Monde Econom.*, 25 février 1901.

(2) Le contrat pouvant être, soit *unilatéralement*, soit *bilatéralement* collectif.

Le contrat collectif de travail, ainsi compris, n'apparaît guère en France qu'au milieu du xixᵉ siècle, et au début avec un caractère extra-juridique, illicite même, puisque les groupements et associations professionnelles qui prétendaient contracter n'avaient pas d'existence légale et ne pouvaient même se constituer qu'en violation de la loi. Même après la loi de 1864, la jurisprudence continua à envisager un tel contrat comme entaché de nullité en tant que contraire à l'ordre public et à la liberté de l'industrie, tels qu'on les entendait alors (1). Ce n'est que postérieurement à la loi de 1884 que le contrat collectif fut accepté par la jurisprudence et que ses applications purent se multiplier.

Le mouvement fut favorisé par les exemples venus d'Angleterre où les *trade-Unions* avaient réussi à donner à la pratique du contrat collectif une certaine extension, grâce à leur puissance financière, à la discipline de leurs adhérents, peut-être aussi à une législation et une jurisprudence qui, durant un temps, affirmèrent et sanctionnèrent efficacement la responsabilité des Unions ouvrières, donnant ainsi aux patrons une garantie de l'exécution du contrat. De nombreux économistes se firent alors les propagandistes chez nous de la diffusion du contrat collectif, affirmant qu'elle remédierait à l'inégalité des parties en présence ; qu'elle replacerait la concurrence sur le terrain purement professionnel, en éliminant des considérations du marché de travail celles qui ont un caractère personnel ; qu'elle assurerait aux patrons des conditions plus stables pour le développement de leurs entreprises et leur donnerait des garanties contre les malfaçons et les grèves inopinées ; enfin, qu'elle maintiendrait et assurerait la liberté industrielle dans ce qu'elle a d'avantageux.

Les adversaires du contrat collectif objectent que son emploi généralisé peut devenir entre les mains de la majorité des ouvriers syndiqués un moyen de tyranniser les autres (2), à quoi ses partisans répliquent que la liberté qui importe n'est pas la liberté de droit, la soustraction à toute règle commune mais la liberté positive, caractérisée par le pouvoir effectif de participer à plus de bien-être et que le contrat collectif garantit mieux à l'ouvrier que les contrats individuels. On ajoute que si les majorités abusent, le recours aux tribunaux reste ouvert aux individus lésés — ce qui n'est peut-être pas suffisant, de l'avis de ceux qui se rappellent certaines lamentables odyssées juridiques d'ouvriers victimes de haines syndicales.

On a incriminé aussi le contrat collectif comme attentatoire à l'indépendance des chefs d'industrie, et ses partisans reconnaissent que parfois l'ingérence ouvrière a prétendu dépasser les bornes

---

(1) Jugement du Tribunal de Saint-Etienne, 29 juin 1876.

(2) Et non seulement la minorité syndiquée, mais les ouvriers indépendants, pour lesquels on peut évidemment répondre que le contrat ne leur est pas opposable, mais que le syndicat persécutera s'ils refusent en fait de l'observer.

et se servir du contrat collectif pour empiéter sur la direction même de l'entreprise ; mais ils ajoutent que, dans l'avenir, le départ se fera mieux entre ce qui peut et doit entrer dans le contrat collectif (c'est-à-dire le règlement des conditions d'emploi des agents humains de la production) et ce qui doit rester en dehors de son cadre.

De plus, et toujours au point de vue patronal, se pose la question grave des garanties d'exécution qu'ils peuvent obtenir. En Angleterre, des Unions ont été naguère condamnées à des dommages-intérêts comme sanction d'un contrat collectif violé ; mais aujourd'hui, la situation de droit et de fait a bien changé. En France, le problème juridique se complique d'une circonstance de fait : l'absence de patrimoine appréciable pour la plupart des syndicats ouvriers, qui échappent ainsi à toute sanction civile, et auxquels des juristes conseillent d'éviter toute acquisition de biens susceptible de rendre, à l'occasion, leur responsabilité effective.

Enfin, on a prétendu que la généralisation du contrat collectif ne serait pas sans danger pour le consommateur, que la réconciliation des patrons et des ouvriers se ferait à ses dépens, que leur alliance, ayant, comme toute alliance, une pointe dirigée contre quelqu'un, cette pointe serait, en réalité, dirigée contre lui .

Mais autant que toutes ces difficultés économiques, une grave difficulté juridique a peut-être, jusqu'ici, contribué chez nous à retarder l'essor du contrat collectif : et cette difficulté provient de l'incertitude où une législation imprécise laisse les intéressés, touchant le vrai caractère d'un contrat que les uns interprètent par une idée de mandat, et les autres par une idée de stipulation pour autrui (1). Il est clair que suivant qu'on adopte l'une ou l'autre théorie, on est amené à donner au contrat collectif une valeur plus ou moins grande, à considérer les rapports qui en résultent (M. Pirou distingue quatorze séries de rapports actifs et passifs susceptibles de s'établir entre les divers intéressés) comme plus ou moins étendus et plus ou moins étroitement sanctionnés. Il importerait fort qu'on réglât, de façon ferme et définitive, le droit du syndicat ouvrier à poursuivre le ou les patrons en cas de violation du contrat, celui du patron à poursuivre les ouvriers ou le syndicat, celui du syndicat à se retourner contre ses membres, celui des ouvriers non syndiqués à invoquer le contrat, etc. Mais surtout, il faudrait, en pratique, que les syndicats possèdent un patrimoine qui constituerait à la fois une garantie pour l'exécution des obligations contractées par eux, et un moyen de discipliner leurs membres en les tenant par l'intérêt qu'ils auraient à ne pas se faire exclure d'un syndicat riche et fort.

En attendant que le statut légal du contrat collectif soit réglé définitivement (2), certains auteurs demandent déjà que ce règle-

---

(1) La jurisprudence incline maintenant à en faire un contrat *sui generis*, de la catégorie des contrats « innommés ».

(2) V. le projet de loi du 2 juillet 1906 et la proposition de la Commission du travail du 27 décembre 1907. V. aussi les discussions de la Société d'Etudes législatives des années 1906-1908.

ment comporte un nouveau recours au principe d'obligation. Obligation appliquée non plus seulement au contrat une fois conclu, mais à l'usage de ce contrat. Autrement dit, la loi déclarerait la forme du contrat collectif obligatoire dans les rapports entre patrons et ouvriers à l'occasion du louage de travail, le contrat individuel restant possible seulement dans les limites du cadre tracé par le contrat collectif, et, lorsque le système des clauses de ce dernier serait très développé, se réduisant à peu près à la seule désignation de la *personne* du patron et de l'ouvrier. Les partisans de l'obligation affirment que, grâce à elle, le nombre et la gravité des conflits diminueraient : encore faudrait-il que soit tranchée une bonne fois la question de l'exécution et des sanctions du contrat.

Nonobstant toutes les difficultés, le contrat collectif a gagné du terrain. Malgré la défiance, trop souvent justifiée, des patrons, malgré la médiocre bonne foi de bien des syndicats ouvriers, il se répand dans un grand nombre d'importantes industries. Des économistes de premier ordre, comme le regretté Maurice Bourguin, y voyaient « le seul mode de relations entre employeurs et salariés qui soit en harmonie avec les nouvelles formes de la production capitaliste » ; et l'opinion très générale est au moins que cette institution se développera largement.

Ce ne sera pas sans entraîner certaines restrictions à la liberté du travail telle que la Révolution l'avait comprise, liberté strictement individuelle et absolue, *toute entière en chacun*. Mais quel est le droit, quelle est la liberté qui ne trouvent une limitation dans une utilité publique — à condition, bien entendu, que celle-ci soit réelle, importante et bien constatée ? Et assurément, je ne prétendrai pas, comme certains, que le principe de la liberté du travail a fait son temps ; mais je crois que, cette liberté, l'époque qui commence l'entendra peut-être autrement qu'il y a un siècle, et que dans la conception nouvelle, il se peut que le contrat collectif compte pour beaucoup.

René GONNARD.

BIBLIOGRAPHIE [1]

B. RAYNAUD : Le contrat collectif de travail.

PIROU : Les conceptions juridiques successives du contrat collectif de travail en France.

RÔUAST : Nature juridique du contrat collectif.

PIC : La loi du 27 décembre 1892, résultats pratiques et projets de réforme.

LACOUR-GRANDMAISON : Mundella et les conseils d'arbitrage en Angleterre (*Rev. des Deux Mondes*, 1898).

OLPHE-GAILLARD : Conciliation et arbitrage (*Réforme soc.*, mars-avril 1910).

----

(1) Cette bibliographie sommaire n'a d'autre but que d'indiquer des lectures à faire à ceux des auditeurs des conférences qui désireraient compléter ainsi les explications données.

Dixième conférence : *16 mars 1912.*

L'ENTREPRISE

ET

LES DOCTRINES CONTEMPORAINES

(RÉSUMÉ)

Nous avons essayé de déterminer quelques-uns des caractères essentiels de l'entreprise industrielle moderne, soit au point de vue économique, soit au point de vue social. Peut-être, en terminant cette étude, nous est-il permis, cessant d'observer les faits présents ou passés, de tourner nos regards vers le futur, et pouvons-nous concéder à notre légitime curiosité, le droit de tenter sur ce futur quelques anticipations.

Il y a peu de jours, à la suite d'un cours où j'avais formulé quelques prévisions d'avenir relativement à une institution que j'étudiais, en ajoutant que je les limitais à la courte durée pour laquelle l'économiste peut essayer d'établir des conjectures, — un étudiant étranger, un Oriental, vint me demander, très sérieusement et très naïvement, à combien d'années pouvaient s'étendre les prédictions d'un économiste. — Il paraissait m'attribuer un don de prophétie précise et s'exerçant dans un certain laps déterminé de temps à venir. Je dus lui enlever ses illusions ; et l'économie politique perdit sans doute un peu de son prestige à ses yeux. .

Elle n'en perdra pas à ceux de mes auditeurs présents, si je leur fais le même aveu touchant l'incertitude de nos prévisions, car ils n'attendent pas de la science économique ce qu'en attendait l'ingénue confiance de mon étudiant. Ils ne comptent pas sur moi pour leur annoncer à coup sûr ce que deviendra dans l'avenir cette entreprise industrielle dont nous avons étudié le développement jusqu'à nous. Du moins essaierai-je de résumer brièvement les principales doctrines des écoles contemporaines en ce qu'elles contiennent d'intéressant relativement à l'entreprise, en cela seulement, me hâté-je d'ajouter ; et ce sera encore beaucoup trop pour les étroites limites de cette conférence.

I

Parmi les écoles contemporaines, il n'en est qu'une, la plus puissante peut-être il est vrai, du moins en France, qui envisage l'entreprise telle qu'elle existe comme devant rester le cadre de la production de demain. C'est l'école libérale. Pour elle, l'entreprise individualiste et soumise à la concurrence constitue, avec la propriété privée qu'elle suppose et la liberté du travail qu'elle implique, la base d'un édifice économique qui peut et doit s'agrandir, mais sans que cette base soit changée. Tout au plus, certains représentants (1) de cette école admettent-ils que l'entreprise, tout en restant chose privée, évoluera de plus en plus vers le type de la société anonyme, et que dans ces sociétés, de modèle sans cesse agrandi, l'Etat lui-même finira par se résorber, puisqu'après tout il n'est qu'un fournisseur comme les autres, un marchand d'ordre et de sécurité. Et ces deux marchandises, qu'il ne fournit aujourd'hui que de qualité assez avariée, il les vendra d'une qualité plus saine lorsqu'il se sera transformé en société anonyme. Dans cette conception, bien loin que l'entreprise soit appelée à disparaître, elle doit se généraliser et absorber les fonctions qui sont actuellement confiées à des organismes politiques comme l'Etat.

A cette exaltation de l'entreprise, les autres écoles contemporaines répondent généralement en critiquant plus ou moins sévèrement celle-ci telle qu'elle existe aujourd'hui et concluent en en demandant la réforme ou la suppression. Au point de vue social, notamment, elles l'incriminent comme constituant le pivot d'un système de répartition défectueux qu'il importe de rectifier. Au point de vue économique, même, elles se refusent à admettre que l'entreprise réalise le maximum d'utilité.

Suivant qu'elles font appel à l'une ou à l'autre des forces écono-

---

(1) M. Gustave de MOLINARI, en particulier, qui vient de mourir tout récemment (janvier 1912) après avoir défendu pendant les deux tiers d'un siècle les doctrines du plus intégral libéralisme.

miques en présence pour travailler à cette réforme, les écoles dont il s'agit peuvent se classer en trois groupes. Les unes, en effet, mettent leur confiance dans le patronat, d'autres dans la classe ouvrière, d'autres encore dans l'Etat. A la première inspiration correspondent les doctrines de patronage ; à la seconde, le coopératisme et le syndicalisme ; à la troisième, le socialisme d'Etat et le collectivisme.

Les doctrines de patronage ont été particulièrement mises en honneur par l'école qu'a fondée Frédéric Le Play, il y a un demi-siècle, et qui reste aujourd'hui encore très vivante, dans l'originalité que lui constituent ses aspirations traditionnalistes combinées avec l'emploi de méthodes très modernes. Pour Le Play et ses disciples, la *réforme sociale* qu'il faut réaliser doit reposer sur la restauration dans leurs droits et dans leurs devoirs, de toutes les autorités légitimes, au rang desquelles ils font figurer celle du patron dans l'atelier, comme celle du père dans la famille.

L'entreprise doit donc être conservée, bien plus, consolidée et fortifiée. Mais il convient d'y ressusciter certaines traditions qui ont disparu avec le développement de la grande industrie, *la permanence des engagements*, une forte constitution de la famille ouvrière, la participation de l'ouvrier à la propriété, la liaison à maintenir entre le travail salarié exécuté au dehors et les industries domestiques. D'autre part, il convient d'instaurer le patronage, dans le sens profond et historique du mot, en conférant au patron l'autorité et la responsabilité qu'il implique, en l'habituant à considérer qu'il n'est pas quitte de toute obligation vis-à-vis de ses ouvriers lorsqu'il leur a payé leur salaire.

Les doctrines de patronage trouvent, malheureusement pour l'école de la *Réforme sociale*, un obstacle des plus graves dans l'ombrageuse méfiance avec laquelle le travailleur accueille les interventions patronales, mêmes les mieux inspirées ; et, par delà même cette méfiance, dans le sentiment très général d'égalité et d'indépendance qui constitue, depuis un siècle et plus, le fond de notre esprit national, sentiment peu compatible avec l'idée d'une mission directrice et protectrice attribuée à une classe par rapport à une autre. L'Etat, d'ailleurs, favorise ce sentiment, et entrave plutôt qu'il ne les aide (loi des économats, par exemple,) les initiatives patronales, souvent aussi suspectes à ses yeux qu'aux yeux des ouvriers eux-mêmes. A moins d'une profonde transformation morale, il ne semble pas que les doctrines de Le Play, pour élevées qu'elles paraissent, soient en voie de conquérir le monde de l'industrie.

Ceci n'est pas d'ailleurs pour déconseiller, moins encore pour critiquer, les nombreuses et souvent généreuses créations patronales dont nous avons étudié quelques-unes, et dont beaucoup, au reste, ne s'inspirent que d'une idée de philanthropie et non d'une doctrine économique précise. Mais quel que soit le bien qui puisse être réalisé ainsi, ces tentatives ne peuvent guère aboutir à une transformation complète des caractères actuels de l'entreprise ; et ceux qui les réalisent ne visent d'ailleurs en général pas un tel but.

II

Des deux autres concours auxquels on a songé pour arriver à la solution des problèmes sociaux qui se rattachent à l'entreprise, il est naturel que celui auquel on a fait appel le premier ait été celui de l'Etat. Dans l'opinion d'un grand nombre, l'Etat n'est-il pas tout-puissant ? Et tout-puissant, ne doit-il pas être tout-bienfaisant ? On s'est donc tourné vers lui ; et l'on a multiplié à son adresse ces impérieuses implorations, ces sommations à la fois suppliantes et menaçantes dont les Italiens usent envers les saints.

L'Etat s'est laissé persuader assez volontiers de la réalité de sa haute mission. Et de la confiance nouvelle qu'il a prise en lui-même, surmontant l'humble timidité que les vieux économistes lui avaient inculquée, est sortie cette doctrine de l'interventionnisme qui, lorsqu'elle accentue ses thèses, devient sans transition bien sensible, le socialisme d'Etat. Doctrine qu'on croit allemande, mais qui bien avant que les *Katheder-socialisten* l'aient prêchée outre-Rhin, avait été exposée, avec infiniment plus de netteté, de logique, et même de force par le Français Dupont-White.

Les doctrines étatistes, tant qu'elles se présentent sous la forme de l'interventionnisme simple, ne compromettent pas l'existence même de l'entreprise — pas plus d'ailleurs que celle de la propriété. Mais elles ne sont pas sans abaisser singulièrement le piédestal sur lequel l'économie libérale prétend maintenir ces institutions. Oui, la propriété est respectée, mais non pas toutes ses formes, ni tous ses attributs, ni toutes ses conséquences. Oui, la concurrence est acceptée, mais à condition pacifiée, muselée. A l'Etat de lui rogner les dents et les griffes. — Oui, l'entreprise restera la forme ordinaire de l'œuvre de Production ; mais à côté d'elle apparaîtront, de plus en plus nombreux, les monopoles d'Etat ; et, dans l'entreprise même, l'ingérence de l'Etat se fera de plus en plus envahissante, réglant d'une façon de plus en plus minutieuse les rapports entre patron et salariés et les conditions de la production elle-même.

Et, à mesure que l'on fixe les yeux sur des formes plus accentuées de l'interventionnisme, on voit, aux rayons de l'Etat-Soleil, fondre peu à peu, se réduire, devenir inconsistantes et faibles ces grandes déités de l'économie libérale, la Propriété, la Concurrence, l'Entreprise. D'industrie en industrie, des chemins de fer aux banques, des raffineries aux assurances, le monopole d'Etat envahit tout. Il laisse à l'entreprise les industries médiocres, il s'empare des grandes usines puissantes. Il vise la nationalisation des mines et bientôt des industries métallurgiques, textiles, sucrières. Où s'arrêtera-t-il ? Pas de critérium précis : une fois les premiers empiètements réalisés la nature des choses n'en met guère ; et la théorie elle-même n'en donnera que de contingents, de temporaires, qu'on pourra abandonner bientôt, pour repousser les limites plus loin... Le moment vient où, de proche en proche, l'étatisme a tout occupé, tout rempli ; l'entreprise pure n'existe plus ; il n'y a plus qu'un seul grand entrepreneur, l'Etat ; encore n'est-ce pas un entrepreneur véritable, correspondant à la notion que nous avons précisée. (1)

Du socialisme d'Etat auquel on arrive ainsi, le collectivisme ne diffère en réalité que par une plus grande précision, une plus grande rigueur ; par la netteté avec laquelle il établit ses positions : suppression totale de la propriété privée des capitaux ; nationalisation de ceux-ci ; anéantissement corrélatif des entreprises privées ; organisation de toute la production par l'Etat et par l'Etat seul (2) ; transformation de tous les citoyens valides en travailleurs, et de tous les travailleurs en salariés de l'Etat ; enfin, établissement d'un mode de rémunération basé sur l'équivalence en travail et non plus sur l'équivalence en utilité.

Le collectivisme est-il en voie de réalisation ? On pouvait naguère le supposer ; mais il semble aujourd'hui que son orbite doive être assimilé à celui des comètes qui après s'être, durant une partie de leur parcours, rapprochées graduellement de la Terre, en répandant une alarme croissante, s'éloignent ensuite sans l'avoir effleurée. Dans la doctrine, le collectivisme a mal répondu aux objections opposées par ses critiques et, ce qui est plus grave, ses adeptes eux-mêmes se sont divisés en ce qui concerne ses positions essentielles. Après avoir revisé les thèses de Marx, de telle manière qu'il n'en reste pas une d'intacte, ils se sont également partagés en ce qui concerne la théorie reconstructive, les uns essayant de la fixer, les autres se déclarant hors d'état de nous dire ce que sera la société future. Des interminables débats soulevés entre eux, a fini par se dégager un état d'esprit intimement opposé à celui du marxisme, et que M. Sorel résume en disant : « Il est nécessaire d'abandonner *toute velléité de transformer le socialisme en science.* »

Dans les faits, le socialisme continue à progresser ; mais, outre que ses succès politiques ne doivent pas faire illusion (un grand nombre de ceux qui, en Allemagne et en France, votent pour les candidats socialistes n'étant nullement de vrais socialistes eux-mêmes), socialisme et collectivisme font deux, et le premier terme est loin d'avoir la rigoureuse signification du second. Le socialisme peut gagner beaucoup de terrain encore. C'est un flux qui monte — et qui aura peut-être son reflux — mais qui s'arrêtera sans doute bien avant d'avoir submergé la propriété privée et l'entreprise.

Et l'étatisme lui-même, l'interventionnisme plus ou moins accentué ? Il faudrait peut-être distinguer. Pour ce qui est de *l'interventionnisme social*, ses manifestations se multiplient, et une grande partie de l'opinion et des auteurs lui reste favorable. Mais pour *l'interventionnisme économique*, en est-il de même ? A ce point de

---

(1) Première conférence.

(2) Certains collectivistes ne veulent pas de ce mot « Etat » auquel ils attachent le sens d'une catégorie historique déterminée, caractérisée par l'exploitation des classes inférieures au profit des classes dirigeantes. Mais peu importe qu'on le remplace par le mot « collectivité » ou tout autre équivalent.

vue, on pourrait peut-être constater trois mouvements de pensée successifs : 1° jadis régnait la doctrine de l'école libérale, hostile sans restriction à l'Etat producteur, industriel ou commerçant, doctrine que n'a pas cessé de répandre M. Paul Leroy-Beaulieu, dans ses nombreux articles allègrement bourrés d'épithètes diffamatoires à l'égard de cet être « impulsif, fragile, incohérent, ataxique » (1) qu'est l'Etat moderne. 2° Depuis quarante ans, la doctrine interventionniste a rallié beaucoup d'esprits par cet argument d'apparence au moins fort raisonnable, que la thèse libérale avait vieilli, que les choses avaient changé, que l'Etat faisait son éducation et qu'il devenait susceptible de mieux s'adapter à des tâches économiques ; en conséquence qu'il importait de renouveler les expériences. 3° On les a renouvelées et le résultat n'a pas été heureux. Innombrables sont les récentes mésaventures de l'Etat, comme postier, téléphoniste, imprimeur, poudrier, exploitant de lignes ferrées, administrateur de la marine, directeur des arsenaux, fabricant d'allumettes, gardien de musées, etc... Aussi à la question : *l'Etatisme est-il en progrès ?* (2) peut-on hésiter à répondre par l'affirmative. La notion même de *loi ouvrière* devient suspecte aux groupements les plus actifs et non les moins intelligents de la classe ouvrière, qui demandent le règlement de l'organisation du travail non plus à l'Etat, mais *à la profession* elle-même. Quant aux rachats et aux monopoles, il est remarquable qu'ils ne sont en général pas demandés, au contraire, par le personnel des industries à racheter ou à monopoliser. Et les économistes individualistes, fiers de ces renforts inattendus, reprennent, avec des arguments de fait que l'Etat leur a trop souvent fournis, leurs attaques contre les prétentions de cet organisme multiforme, « semblable à ces objets hétéroclites et funestes, inspirés par *l'art nouveau,* qui étonnent le regard et confondent l'imagination... par la diversité de leurs usages, et qui, partout également incommodes, peuvent remplir indistinctement tous les emplois, hormis celui qui est leur destination naturelle » (3).

III

La confiance que les masses laborieuses ont retirée, en partie au moins, au collectivisme, au socialisme d'Etat et à l'interventionnisme

---

(1) Les faiblesses organiques de l'Etat moderne, *Economiste Français,* 15 mai 1909.

(2) Titre d'un intéressant article de Marcel GÉRAUD, *Revue Politique et Parlementaire,* mars 1911.

(3) SCHAIZ, *L'individualisme économique et social,* p. 215.

Les événements de ces derniers mois ont trop souvent confirmé l'assertion relative à l'insuffisance de la manière dont l'Etat remplit sa fonction primordiale de sécurité intérieure (émeutes de *la vie chère,* progrès du banditisme, violences grévistes, etc.) et extérieure (désastres de la marine, scandales des affaires étrangères, etc., etc.).

lui-même (V. les obstinées résistances qu'a rencontrées et rencontre encore l'application de la loi des retraites ouvrières), cette confiance, elles l'ont reportée sur des doctrines nouvelles préconisant l'émancipation directe des travailleurs par eux-mêmes.

Le coopératisme, déjà, rentrait dans cette catégorie. Mais cette doctrine, création de philanthropes et d'économistes, n'était pas sortie des entrailles mêmes de la classe laborieuse et n'a jamais suscité dans les masses l'enthousiasme que le syndicalisme provoque aujourd'hui. Au début, d'ailleurs, les vues du coopératisme étaient modestes : il ne s'agissait pour lui que de faciliter l'ascension sociale des meilleurs éléments de la classe ouvrière. Aujourd'hui, ses ambitions sont plus hautes : il ne se contente plus de favoriser *l'écrémage* de cette classe (il considère même une telle œuvre comme nuisible), mais il aspire à une transformation complète de la société économique, par l'expansion des coopératives, finissant par absorber toute la production. Cette transformation, il est vrai, les coopératistes prétendent la réaliser, sans violence et sans contrainte, par le jeu même de la concurrence. Mais leurs succès sont jusqu'à présent limités, et à moins de se précipiter d'une manière tout à fait imprévue, la marche en avant du coopératisme ne semble guère menaçante pour l'entreprise individualiste. Remarquons au reste que la coopérative de production, c'est une forme de l'entreprise associée,— quoique, à supposer la coopération réalisée *intégralement*, l'organisation qui en résulterait ressemblerait d'assez près, *du dehors* sinon *du dedans*, au collectivisme.

Autrement hâtive et impatiente est la marche du *syndicalisme*. Cette dernière-née des doctrines modernes revêt aujourd'hui deux formes : 1º le syndicalisme modéré (V. Paul Boncour, le Fédéralisme économique), qui se refuse aux procédés révolutionnaires et qui maintient au-dessus des syndicats, *souverainetés économiques*, l'Etat, chargé de les contrôler et de faire respecter par chacun d'eux les limites légales de son action. Tâche écrasante sans doute, en présence de syndicats infiniment plus forts que ceux que nous connaissons, si nous réfléchissons à la peine qu'éprouve l'État à se défendre aujourd'hui contre ces derniers, bien qu'ils ne rallient qu'une faible minorité de travailleurs, et que la *souveraineté économique* ne leur soit nullement reconnue.

2º Aussi, la transition est-elle aisée de ce syndicalisme respectant une ombre d'Etat — *stat magni nominis umbra* — au syndicalisme révolutionnaire et anti-étatiste.

La physionomie de celui-ci est si spéciale qu'on doute encore de la possibilité de le faire rentrer dans le cadre général des systèmes socialistes, et que certains économistes admettent qu'il évoluera dans un sens tout différent. Beaucoup de ses doctrines (antimilitarisme, sabotage, etc.), ont au reste un caractère peut-être contingent et passager ; mais sa philosophie âpre, dure, austère, faite d'idées de lutte difficile, de combat à issue douteuse, de sacrifice, *d'aristocratie*, est tout à fait antipathique à l'idéal anti-ascétique, jouisseur, niveleur et égalitaire de la plupart des écoles socialistes. Le syndicalisme est *antidémocratique et anti-étatiste]* ce qui explique qu'il soit

vu avec un certaine sympathie par des économistes individualistes
de lignée intellectuelle ou de tempérament anglo-saxon, comme
M. Schatz (1). D'ores et déjà, bien loin de vouloir ajouter aux
fonctions de l'Etat celles de producteur et de répartiteur de la
richesse publique, le syndicalisme veut lui enlever celles qu'il possède. Ses revues dénoncent les dangers des monopoles d'Etat, « entreprises de parasitisme et de démagogie » (2). Ses propagandistes
partent en guerre contre l'Etat-patron comme contre les autres
patrons, et mettent même, je dirais quelque sadisme intellectuel a
fomenter les grèves de fonctionnaires avec une ardeur toute spéciale.
Les procédés brutaux et révolutionnaires, à l'exclusion de l'action
politique et parlementaire, ont toutes les préférences des syndicalistes, convaincus, avec leur apologiste Georges Sorel, que la violence a toutes les vertus et que ce qui importe avant tout, c'est d'en-
tretenir *l'esprit de violence* dans les masses, car « le facteur le plus
déterminant de la politique sociale, c'est la lâcheté du gouvernement » (3).

La guerre est donc déclarée à l'Etat et à tout groupement politique. Le groupement qui seul pourra faire la révolution, et ensuite,
organiser la société nouvelle, c'est le groupement professionnel, le
syndicat. Aussi, bien que la C. G. T se soit ouverte aux petits fonctionnaires, les syndicalistes entendent conserver au mouvement un
caractère spécialement *professionnel* et *manuel*, et éliminer les infil-
trations intellectuelles et bourgeoises ; ce qui n'empêche pas les deux
philosophes de la doctrine, MM. Sorel et Lagardelle, d'être des bourgeois très intellectuels. — Mais si le syndicalisme ne peut empêcher
ceux-ci de ratiociner en sa faveur, il prétend ne faire appel qu'aux
seuls producteurs : c'est la force du syndicat, association de *produc-*
teurs, d'expulser automatiquement les politiciens, et d'échapper aux
pénétrations d'intérêts bourgeois. Ainsi sont rejetés les intellectuels
au concours suspect, les oisifs, les *profiteurs* — non sans soulever
d'âpres colères parmi les évincés dont on méprise le concours.

Remarquons que le syndicalisme tourne plus complètement le dos
à la Révolution française que les autres systèmes socialistes, et que
le collectivisme même qui, contradictoire à celle-ci par certains
côtés, peut s'en réclamer à d'autres points de vue. La Révolution ne
prétendait laisser en présence que l'individu et l'Etat et annihiler le
groupement professionnel. Le syndicalisme ruine l'Etat, assujettit
l'individu au groupe professionnel, et exalte ce dernier.

Malgré beaucoup d'erreurs, de déviations, et certaines propa-
gandes criminelles, le syndicalisme repose sur une idée forte : celle
de la valeur du groupe professionnel et de l'importance de son rôle ;
et cette idée même n'est pas une abstraction, mais correspond à une

---

(1) De même, et dans l'autre camp, M. BERTH signale d'importantes
analogies entre le syndicalisme et l'individualisme des Manchestériens.

(2) V. les campagnes anti-étatistes du *Mouvement socialiste*.

(3) G. SOREL.

réalité concrète et vivante, le syndicat. Immense supériorité sur le collectivisme, qui n'a pu se constituer doctrinalement que sur des conceptions livresques et des exemples empruntés aux civilisations arriérées. Supériorité à laquelle s'en ajoute une autre, celle du syndicalisme constructif et enthousiaste, quoique amer, vis-à-vis du collectivisme surtout critique et négateur malgré son fatalisme optimiste (1).

Tels sont, très partiellement résumés, *quelques-uns des traits* de la doctrine qui séduit aujourd'hui la partie la plus agissante, et non peut-être la moins noble, de la classe ouvrière ; doctrine encore confuse et aux éléments disparates, mais qui contient des éléments de vitalité, et qui pourra s'assagir et s'épurer. Mais il est plus douteux que cette évolution du syndicalisme nous conduise, de longtemps, à une complète transformation sociale et au remplacement des entreprises privées par des groupements purement corporatifs.

Qu'adviendra-t-il donc alors de l'entreprise ? J'ai dit que je ne prophétiserais pas. Mais... si je prophétisais, je dirais que, sans doute, elle subsistera longtemps encore sous sa forme actuelle ou sous des formes analogues, avec, *il faut l'espérer*, des améliorations à son fonctionnement, avec une plus parfaite participation des collaborateurs aux produits, avec plus de variété et de souplesse dans les types d'organisation ; avec, *il faut le souhaiter*, même si on hésite à l'espérer aujourd'hui, une meilleure volonté chez les hommes qu'elle associe. Car la paix sociale ne dépend pas surtout d'institutions plus ou moins ingénieuses. Comme la paix intérieure, dont elle est le reflet, elle n'existera jamais que pour les hommes de bonne volonté.

René GONNARD.

---

(1) Optimiste puisque l'évolution conduit fatalement, d'après lui, à l'instauration de la société régénérée.

BIBLIOGRAPHIE [1]

DUPONT-WHITE : L'individu et l'Etat.

BOURGUIN : Les systèmes socialistes et l'évolution économique.

MENGER : L'Etat socialiste.

PARETO : Les systèmes socialistes.

SCHATZ : L'individualisme économique et social.

GÉRAUD : L'Etatisme est-il en progrès ? (Revue Politique et Parlementaire, 1911.)

PIROU : Proudhonisme et syndicalisme révolutionnaire.

(1) Cette bibliographie sommaire n'a d'autre but que d'indiquer des lectures à faire à ceux des auditeurs des conférences qui désireraient compléter ainsi les explications données.

St-ÉTIENNE. - Sté de l'Imp. THÉOLIER, J. THOMAS & Cie,

215

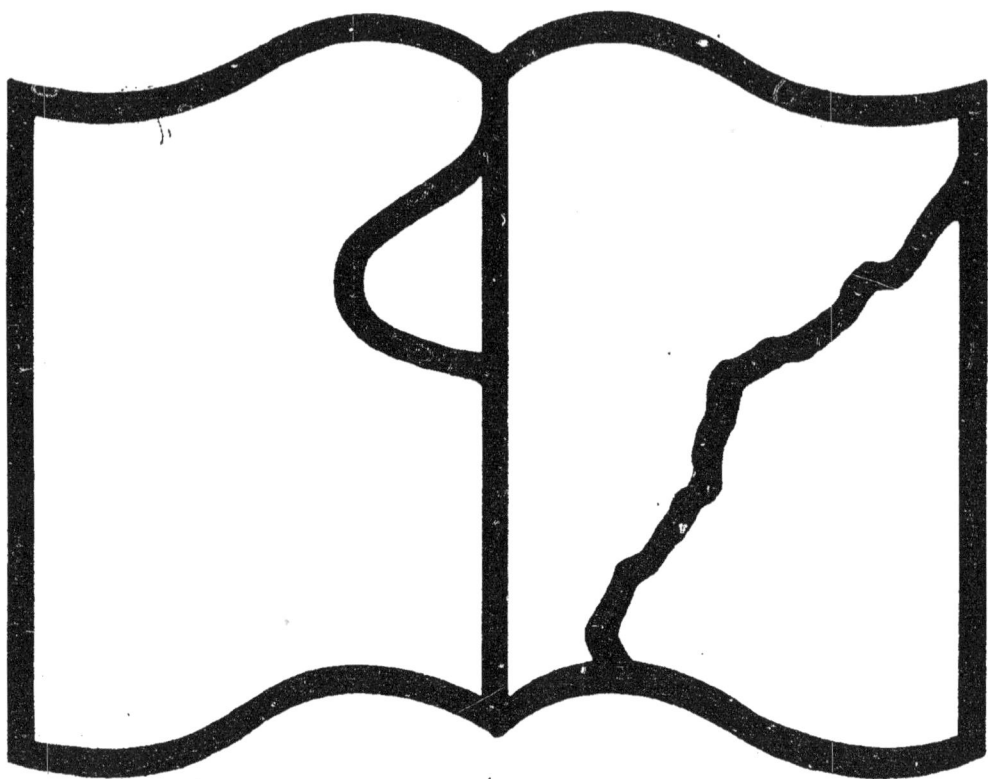

Texte détérioré — reliure défectueuse

NF Z 43-120-11

www.ingramcontent.com/pod-product-compliance
Lightning Source LLC
Chambersburg PA
CBHW071255200326

41521CB00009B/1785